클래식
톡톡

가볍게 두드려 보는
talk-talk 명사 미 속어 수다. 쓸데없는 이야기
클래식
톡톡 talk talk
정민경 지음
클래식 음악, 도대체 뭐예요?
가볍게 한번 두드려 보세요! "클래식 톡톡!!"
좋은땅

"클래식 음악은 어떤 음악일까요?"

필자는 공연이나 강연의 서두에서 이 질문을 늘 던지곤 합니다. 관객들은 때에 따라 다양한 대답을 했지만 신기하게도 한번도 빠짐없이 나왔던 답변이 있었습니다.

그것이 무엇이었을까요?

생각보다 단순한 대답이지만, 바로 클래식 음악은 **"좋은 음악이요"**라는 답변이었습니다.

딱히 정의할 수는 없고 의식하지는 않았지만 '클래식 음악'이라는 이미지에 대해 간편한 표현의 방법이면서도 클래식 음악의 '느낌'을 가장 잘 말해 주는 답변이 아니었을까 합니다. 자주 '찾아' 듣지는 않지만 충분히 우리 주변에 넘치는 음악이며, 어려울 것 같지만 그렇다고 싫지는 않고 나쁘지는 않은 정도의 느낌이겠죠.

학창 시절의 기본 교육과정 덕분에 말 그대로 '기본'은 알게 되었고, 조금의 관심을 더 가지고 악기까지는 배워 볼 수 있었겠지만 클래식 음악 자체가 '쉽지는 않다'고 느낍니다. 분명 '좋은 음악임'은 알겠지만, 뭔가 다가가기에는 쉽지 않은 음악이라 생각되죠. 특별히 좋아하지 않는 이상 매일매일의 일상에서 부러 찾아 즐기기엔 쉽지 않은 이미지를 가진 음악이긴 합니다.

디지털 노마드 시대를 살고 있는 우리에게는 전 세계의 넘쳐나는 콘텐츠들과 더욱 다양해진 음악들을 언제 어디서든 쉽게 접할 수 있게 되었습니다. 빠르게 변화하는 트렌드 가운데 많은 콘텐츠들이 '쇼츠(Shorts)'와 같이 길이도 짧아지고 자극적으로 변화하고 있습니다. 짧은 시간 안에 이목을 끌지 못한다면 쉽게 넘겨 버려집니다. 분명 클래식 음악이 좋은 느낌을 주는 음악이긴 하지만, 짧은 시간 안에 현대인들의 마음을 사로잡기에는 시간이 보자라 여러분들의 관심을 끌지 못했을 수도 있겠습니다.

"클래식 음악, 그냥 일상의 음악!"

클래식 음악은 알고 보면 우리 생활 곳곳에서 가장 많이 들리는 음악이고 작곡가나 제목을 모를 뿐이지 우리도 모르게 익숙해져 있는 낯익은 음악입니다. 클래식 음악을 그동안 '제대로 들을 기회'가 없었을 뿐, 한번 물꼬를 틀게 되면 가끔은 스스로 찾아 들을 수 있는 음악이 될 수 있다고 확신합니다. 이 책에서는 그런 클래식 음악을 일상의 주제와 키워드를 통해 가볍게 열어 볼 예정입니다. 학구적으로 들어가 심도 있고 어려운 설명보다는 일상의 이야기들이나 재미있는 에피소드를 담아 되도록 쉽고 짧게 소개해 드리고자 합니다. 지난 2년간 TBN교통방송 라디오에서 진행했던 '정민경의 생각보다 재미있는 클래식', '비올라로라의 톡톡(Talk Talk) 클래식' 코너와 강연에서 재미있게 다뤘던 주제들 중 일상에서 접하기 쉬운 주제들을 위주로 엮어 보았습니다. 먼저 보고 싶은 주제부터 읽어 보아도 무관합니다. 열어 보고 싶은 문부터 '톡톡' 두드려 보세요! 일상의 주제와 이야기들로 클래식 '수다(Talk-Talk)'를 떨다 보면 당신도 클래식 음악에 점점 관심을 가질 수 있으리라 생각합니다. 쇼츠 컨텐츠와 같이, SNS 피드를 넘기듯이 가벼운 마음으로 한 장, 한 장 넘겨 시작만 해 주시면 됩니다.

클래식 톡톡! 저와 함께 문을 열어 볼까요?

정민경

《클래식 톡톡》가이드

1. 관심 있는 주제부터!

처음부터 읽어 가기 어렵다면 읽고 싶은 주제부터 읽어 보세요. 각각의 클래식의 문(Gate)에는 5개의 톡톡(Talk-Talk) 주제들이 들어 있습니다. 원하는 주제를 먼저 찾아 읽어 보는 것도 재미있게 읽을 수 있는 방법!

2. 추천 음악 영상 QR코드

각각의 이야기별로 〈추천 음악 영상 QR코드〉가 있어 스마트폰으로 찍어 보면 추천 음악을 바로 들어 볼 수 있습니다. 뮤직 큐레이터 정민경이 엄선한 최고의 음악과 함께해요!

3. 조금 더 알고 가기 Note

본문의 내용에서 조금 더 알고 가고 싶다면 '조금 더 알고 가기 Note'를 놓치지 마세요.

목차

Front gate:
클래식 음악, 도대체 뭐예요?

내 귀에 캔디

일상에서 가장 많이 듣는(귀에 들리는) 음악이 클래식 음악이라는 것, 알고 계셨나요? 지하철에서, 카페에서, 백화점에서, 아파트 주차장에서, 집에서, 유튜브 배경음악에서, 심지어 고객센터의 통화 연결음까지! 우리가 인지하지 못하는 많은 상황 속에서 무심결에 클래식 음악을 듣고 있었답니다. 친근하면서도 자주 듣는 익숙한 소리(Sound)가 바로 클래식 음악이라는 사실!

달콤함을 다 느끼기도 전에 사르르 녹아 버리는 작은 사탕처럼 내 귀에 자연스럽게 들어와 녹아들어 오히려 존재감을 못 느꼈을 수도 있습니다. 이제는 주위에서 들리는 소리에 조금 더 귀 기울여 보세요. 클래식이 생각보다 가까이에 있었다는 것을 깨닫게 되실 겁니다.

세탁이 완료되었습니다!

우리를 손빨래에서 해방시킨 최고(?)의 발명품, 세탁기. 현대인들에게 세탁기가 없는 삶은 상상할 수 없지요. 세탁기는 다양한 제조사를 통해 많은 모델들이 팔리고 있습니다. 국내에서는 S전자와 L전자가 쌍벽을 이루며 점점 더 똑똑한 모델들을 만들어 내고 있죠.

그중에서도 S전자의 세탁기 이야기를 해 볼까 합니다. 이 회사의 세탁기를 사용하는 분들이라면 일주일에 한두 번, 두세 번 또는 매일 듣는 소리! 바로 세탁이 다 되었다고 알려 주는 '세탁 완료음'입니다. 이 소리가 들리면 자연스럽게 빨래를 꺼내러 가지요. 그런데! 이 소리도 바로 클래식 음악이라고요?! 최근 여러 뮤지션들이 이 세탁 완료음과 같이 연주하는 재미있는 영상들이 올라오며 더 많이 알려졌는데요.

그렇습니다. 한때 '숭어'냐, '송어'냐 논란의 선상에 올랐던 슈베르트의 바로 그 음악입니다.

조금 더 알고 가기 Note

슈베르트

프란츠 페터 슈베르트(Franz Peter Schubert)는 '가곡의 왕'이라고 불리는 독일 낭만주의 음악의 개척자입니다. 1797년 1월 31일 오스트리아 빈에서 태어났습니다. 클래식 음악사에서 바흐-모차르트-베토벤의 계보를 잇는

중요한 음악가입니다.

무려 16명이나 되는 형제들 사이에서 13번째로 태어난 그는 가난하고 고달픈 삶을 살았습니다. 음악을 즐기던 집안의 분위기에 따라 피아노와 바이올린을 배우기도 했죠. 어린 시절 아름다운 목소리 덕분에 빈 궁정 예배당의 아동 합창단에 들어갔습니다. 이후 교사가 되기를 바랐던 아버지의 반대에도 결국 음악가가 되었습니다.

슈베르트는 '가곡의 왕'답게 많은 가곡을 작곡했습니다. 또한 그는 죽음에 대해 50여 개의 작품을 썼을 정도로 죽음이라는 주제에도 관심이 많았던 것 같습니다. 당시에는 대중에게 인정받지 못해 경제적으로 어려워 음악가들에게 필수품이라 여겨지는 피아노도 사망하기 불과 1년 전에야 장만할 정도였죠. 안타깝게도 31세라는 이른 나이에 병에 걸려 죽게 됩니다.

사후에 우연히 그의 가곡 악보들을 보고 그 위대함에 놀란 로베르트 슈만에 의해 슈베르트의 음악들이 본격적으로 알려지기 시작했습니다.

결론을 먼저 이야기하자면 '송어'가 맞습니다. 일제강점기에 일본인이 '숭어'로 잘못 번역한 것을 수십 년간 그대로 사용하고 있었는데 2007년에 와서야 이 오류를 받아들이며 '송어'가 그동안의 억울함을 풀게 되었습니다. 숭어와 송어, 한글 이름으로만 봤을 때는 한 끗 차이지만 생김새에는 큰 차이점이 있습니다. 둘을 나란히 놓고 보면 생김새가 확연히 다릅니다. 또한 숭어는 바닷고기, 송어는 연어과로 맑은 계곡이나 호수에 사는 민물고기입니다.

슈베르트는 가곡 〈송어〉를 작곡하면서 독일의 낭만파 시인 크리스티안 프리드리히 다니엘 슈바르트Christian Friedrich Daniel Schubart, 1739~1791의 시로 가사를 붙였는데요, 이 가사에서 마침 그 힌트를 찾을 수 있었습니다. 바로 "맑은 강물"이라는 단어가 이 물고기가 민물에 사는 것을 암시했지요. 그러나 실제로는 두 물고기 모두 바다와 민물 모두를 오갈 수 있어서 헷갈릴 수도 있었습니다. 그래서 이 곡의 배경이 된 곳인 오스트리아의 잘츠캄머구트에 있는 할슈타트 호수를 살펴보았더니 실제로 이 호수에 많은 수의 '송어'가 서식하고 있기 때문에 〈송어〉라는 주장이 가장 설득력이 있답니다.

이 음악은 '송어'가 유쾌하고 힘차게 뛰어노는 광경을 그린 곡입니다. 〈송어〉는 가곡과 피아노5중주(피아노, 바이올린, 비올라, 첼로, 더블베이스) 두 가지의 버전이 있는데요. 피아노5중주 버전은 연주곡이고, 가곡은 앞서 언급했던 시인 슈바르트의 시에 선율을 작곡한 성악곡입니다. 가곡은 1817년 7월의 작품이고, 피아노5중주는 2년 후인 1819년에 만들어집니다.

가곡의 내용은 한 나그네가 거울같이 맑고 깨끗한 강에 송어가 빠르게 헤엄치며 놀고 있는 모습을 바라보는 것으로 시작합니다. 그때 한 어부가 송어를 잡으려고 낚싯대를 내리자 나그네는 '이렇게 물이 맑은데 송어가 과연 잡힐까?'라고 생각하죠. 그

어부는 편법을 써서 흙탕물을 만들어 놓은 다음에 송어를 낚게 되고, 그 광경을 지켜보던 나그네는 어부의 꾀에 걸려든 송어를 향하여 안타까운 마음을 나타낸다는 내용입니다.

피아노5중주 〈송어〉는 당시 22세였던 슈베르트가 빈 국립오페라단의 유명한 바리톤 성악가 포글과 함께 북부 오스트리아의 슈타일과 린츠 지역으로 떠나게 된 휴가 겸 연주여행 중에 만들어졌는데요. 두 사람은 휴가지에서 광산업자이자 음악 애호가였던 질베스터 파움가르트너를 만나 아주 좋은 대접을 받습니다. 파움가르트너는 첼로를 연주했는데 슈베르트에게 자신이 직접 연주할 수 있는 곡을 하나 작곡해 달라고 부탁합니다. 그동안 좋아했던 가곡 〈송어〉의 테마를 넣어 달라고도 의뢰하여 이 곡이 탄생하게 됩니다. 피아노5중주 〈송어〉는 피아노, 바이올린, 비올라, 첼로, 더블베이스의 독특한 구성입니다. 보통 실내악 곡으로는 흔한 악기 구성은 아니지만 음악적으로는 아주 높은 평가를 받고 있습니다.

총 5개의 악장으로 구성되어 있고, 특히 우리가 잘 알고 있는 멜로디는 바로 4악장입니다. 이 악장은 하나의 주제 선율을 정해 놓고 그것을 다양한 방법으로 변형시키는 변주곡 형식입니다. 가곡 〈송어〉의 멜로디를 주제로 주제와 함께 5개의 변주곡 형태로 총 6개의 부분으로 구성되어 있습니다. 주제 선율의 다양한 변화를 느껴 보며 경쾌하게 헤엄치는 송어의 모습을 상상하며 들어 보면 더욱 재미있을 것입니다.

추천 음악 영상 QR코드

고객님, 잠시만 기다려 주십시오!

우리는 일상에서 다양한 이유로 '고객센터'에 전화하는 일이 가끔 있습니다. 21세기 사회의 산업 구조는 제품 중심에서 서비스 중심으로 급격히 변화했고, 기업들은 다양해진 고객의 요구와 니즈를 충족시키기 위해 발 빠르게 대응하고 있으며 이를 위해 고객센터를 운영하고 있습니다. 고객센터는 오프라인뿐 아니라 인터넷, 전화, 앱 등 다양한 수단으로 이용 가능하지만 그중에서도 전화로 쉽게 접근할 수 있는 '콜센터'가 대표적입니다.

콜센터에 전화하는 고객들은 대부분 어떤 제품이나 서비스의 개선을 요구하는 경우가 많기 때문에 기다리는 것을 마냥 즐기는 사람들은 없겠죠. 대기 중인 고객들의 마음을 조금이라도 편안하게 만들고 예민함을 다소 풀어 줄 수 있도록 심리학적으로 효과가 있는 음악들을 사용합니다. 그러한 용도로도 클래식 음악이 많이 사용되고 있죠.

그중에서도 바로 이 음악, 들으면 나도 모르게 '좀 기다려야겠다'는 생각이 들지도 모릅니다. 대기 음악으로 가장 많이 사용하고 있는 음악은 멘델스존의 〈무언가〉집 중 〈봄의 노래〉입니다. 아름답고 차분하면서도 제목과 같이 봄의 산뜻함이 느껴지는 곡입니다.

조금 더 알고 가기 Note

멘델스존

멘델스존은 1809년에 독일 함부르크에서 태어나, 1847년에 38세의 젊은 나이로 타계한 작곡가입니다. 비극적인 생애를 보낸 다른 작곡가들과는 다르게 펠릭스(행운아)라는 이름처럼 은행가의 아들로 태어나 풍족하고 준수한 외모에 사교성까지 갖춘 사람이었습니다. 꽤 행복한 삶을 살았던 그는 요즘 말로 '엄친아'에 '사기캐'였습니다. 멘델스존의 작품은 아름다운 멜로디와 밝은 분위기가 가득했고 예술성도 뛰어났지요. 또한 그의 공로 중 하나가 베토벤·모차르트·슈베르트의 숨겨진 명곡들을 세상에 소개한 것입니다. 바흐, 헨델, 베토벤에게서 영감을 받으며 업그레이드한 작품들을 탄생시키기도 했습니다.

'무언가(無言歌, Songs Without Words)'라는 것은 말 그대로 가사 없는 노래라는 뜻입니다. '그럼 그냥 연주곡이랑 무슨 차이가 있을까?'라고 생각하는 분들이 분명 있을 것 같습니다. 무언가는 연주곡과 크게 다르지는 않지만 조금 더 시적인 연주음악이라고 생각하면 더 쉬울 것 같습니다. 무언가는 가사는 없지만음악 자체로 어떤 사물이나 기분을 음율(소리와 멜로디)로 표현한 기악곡을 말합니다. 사람의 목소리가 아니고 가사도 없는데악기들이 노래를 한다? '무언가'라는 형식의 이름 자체가 참으로아름다운 형식의 표현이지 않나요?

멘델스존의 〈무언가〉는 그의 평생에 걸쳐 총 8집, 총 49곡의 짧은 곡들로 이루어져 있고 노래 없이 피아노로만 노래한 작품입니다. 낭만주의 시대 피아노 소품의 대표적인 작품으로 손꼽히며서정적인 음악들을 담아내고 있습니다. 멘델스존의 〈무언가〉는멘델스존의 전 시대에 살았던 베토벤의 '즉흥곡(Impromptus)'과'악흥의 한때(Musiceau Moment)'와 함께 낭만주의 시대에 새로운 음악장르가 되는 '서정적 성격 소품(Lyrisches Charakterstück)'정립에 큰 기여를 한 작품이기도 합니다.

〈봄의 노래(Spring)〉는 〈무언가〉 5집 중에 제6곡에 해당하는곡인데요. 말이나 가사로 표현하지 않아도 따뜻하고 행복한 봄의 햇살을 제대로 느낄 수 있는 곡입니다. 봄이 되면 느낄 수 있는 화창한 날씨, 아름다운 꽃들의 향연, 작고 귀여운 새싹들이얼굴을 내미는 듯한 동화 같은 이야기들이 가득 담겨 있습니다.

마음의 차분함이 필요하다면 오늘은 멘델스존의 〈봄의 노래〉를
제대로 한번 들어 보는 건 어떨까요?

띠로리~ / 빰빰빰빠~암 / 니나니나니고릴라다~

많은 MZ세대들이 어린 시절부터 일상에서 자주 사용하는 '소
리'들이 있습니다. 당황하거나 심각한 상황에 자기도 모르게 나
오는 의성어, "띠로리~", "빰빰빰빠~암", 친구들을 놀릴 때 부르
는 노래 "니나니나니고릴라다~" 등이죠.

클래식은 점잖은 어른들만을 위한 음악이 아닙니다. 젊은이들
의 일상에 이미 스며든 음악이죠! "띠로리~", "빰빰빰빠~암", "니
나니나니고릴라다~"의 선율은 순서대로, 바흐의 〈토카타와 푸가
(BWV 565)〉, 베토벤의 〈운명 교향곡〉, 베토벤의 〈엘리제를 위
하여〉의 시작 멜로디였답니다. 원곡들에 대해 알아볼까요?

띠로리~

〈토카타와 푸가(Toccata and Fugue in D minor, BWV 565)〉
는 음악의 아버지라 불리는 요한 세바스찬 바흐가 작곡한 현존

하는 오르간곡 중에 가장 유명하고 많은 대중문화에서 사용된 곡입니다. 영화나 애니메이션뿐 아니라 누구나 다 아는 유명한 컴퓨터 게임 및 스마트폰 게임들에 이어 전기차 T사의 기능음에서까지 정말 많은 곳에서 들을 수 있는 소리입니다. 실제 이 음악의 도입부 '띠로리~' 부분은 많은 영화, 드라마나 극에서도 좌절감을 나타내는 효과음으로도 많이 사용하곤 합니다.

이 곡은 바흐가 젊은 시절에 작곡한 만큼 좀 더 자유롭고 열정이 담겨 있습니다. 이 곡은 바흐가 오르간 독주곡으로 작곡했고 제목에는 특별한 뜻은 없습니다. 기교적이고 자유로운 양식의 '토카타'와 엄격한 대위법 양식의 '푸가'의 두 부분을 작곡에 사용했기 때문에 제목은 단순하게 이 둘을 이은 〈토카타와 푸가〉입니다. 이 형식들에 대해 조금 더 설명을 덧붙이면 '토카타'는 특별히 정해진 형식이 없는 즉흥적이고 자유로운 느낌의 곡이고, '푸가'는 바흐가 살았던 바로크 시대를 상징하는 형식이기도 한 작곡 기법인 대위법을 포함해 전개되는 다성음악이라고 할 수 있습니다.

자유롭고 즉흥적인 토카타가 시작되고 웅장하고 환상적인 연주가 끝나 갈 때 푸가가 자연스럽게 이어지며 토카타 부분의 악상이 재현되기도 하고 새로운 부분이 펼쳐지며 뒤로 갈 수록 격렬하고 장대하게 곡을 마치게 됩니다. "띠로리~" 부분만 알고 있었다면 이번에는 토카타와 푸가 부분이 어떻게 구분되는지 구별해 보며 전체 음악을 들어 보면 더욱 재미있을 것입니다.
전체 곡의 러닝타임은 약 10분 정도입니다.

추천 음악 영상 QR코드

빰빰빰빠~암

〈운명 교향곡〉은 험상궂은 초상화의 주인공이자 청력을 잃고
도 위대한 작곡가로 우뚝 선 '베토벤'의 명곡으로 알려진 교향곡
5번(Symphony No. 5 in C Minor, Op. 67) 작품입니다.

조금 더 알고 가기 Note

교향곡(交響曲, 심포니, symphony)
교향곡은 악곡의 형식 중 하나이며 흔히 관현악단(오케스트라)을 위한
음악을 말합니다. 다양한 클래식 현악기, 관악기, 타악기가 함께 대규모
구성의 오케스트라로 연주하기 위해 작곡된 대규모 기악곡을 말합니다.

"운명은 이와 같이 문을 두드린다."

베토벤의 제자가 이 음악의 서두 부분의 모티브가 무슨 뜻인지 물었을 때 베토벤이 대답한 말이었다고 합니다. 우리가 알고 있는 〈운명 교향곡〉이라는 제목은 베토벤이 직접 붙인 것이 아니라 베토벤의 이 대답에서 유래되어 우리나라와 일본에서만 그렇게 부르고 있습니다.

이 곡을 작곡한 루트비히 판 베토벤Ludwig van Beethoven, 1770년 12월 16일~1827년 3월 26일은 독일 본에서 태어났고 천재 음악가로 키우고 싶었던 극성 아버지 밑에서 음악 교육을 받았습니다. 베토벤은 당대 주목받던 모차르트와 같은 신동은 아니었지만 재능이 있는 노력형 음악가였습니다. 실제로 베토벤이 13세 때 제2의 모차르트로 소개되기도 했습니다. 젊은 시절부터 피아니스트로 탁월한 피아노 실력으로 오스트리아 빈 음악계에 데뷔했고 이후에는 훌륭한 대작들을 남기며 전무후무한 작곡가로 남게 됩니다.

베토벤은 음악가로서도 음악사에서도 큰 공적을 남겼지만 30대 중반부터 청각을 점점 잃어 가고 건강 상태가 악화되었음에도 불구하고 다수의 대작을 남긴 작곡가로도 알려져 있습니다.

이 〈운명 교향곡〉을 작곡할 당시 베토벤은 음악적으로는 또 하나의 대작 〈영웅 교향곡(교향곡 제3번)〉을 발표하며 승승장구하였으나, 당시 시대적으로 정세는 어지러웠고 귀의 상태도 점점 나빠졌으며 엎친 데 덮친 격으로 사랑했던 이와 이별도 겪으며 힘든 시련의 시간을 겪고 있었습니다. 그래서인지 〈운명 교향곡〉은 인생사에 대한 고뇌와 함께 열정과 투쟁, 그리고 그 너머의 환희까지 느껴지는 곡입니다. 심오하면서도 웅장한 도입부만 알고 있는 경우가 많지만 이를 시작으로 1악장에서 4악장까지 들어 보면 하나의 드라마를 머리에 그려 볼 수 있습니다. 전 악장을 통해 '어둠과 고난을 헤치고 광명과 환희로!'라는 베토벤 고유의 모토를 확연하게 느낄 수 있을 것입니다.

추천 음악 영상 QR코드 

니나니나니고릴라다~

"니나니나니고릴라다~ 못생긴 놈(상대를 손가락으로 가리킨

다) 잘생긴 놈(자기를 가리킨다)."

지역마다 조금씩 다르지만 1990년대 중반부터 2000년대 초반까지 초등학생들 사이에 놀리는 노래의 멜로디였죠.

한창 트로트 붐이 일었을 때 트로트 가수 영탁의 〈찐이야〉라는 노래의 인트로로도 사용되어 어머님들의 마음을 사로잡기도 했던 음악!

구시대(?) 자동차 후진 시 나오는 음악으로도 사용됐으나 주의 환기 효과보다 아름다운 멜로디에 홀리기 쉬워 위험한 나머지, 어느 순간 쓰지 않기로 한 비운의 후진 안내 멜로디이기도 했던 음악!

앞서 소개한 작곡가, 베토벤의 〈엘리제를 위하여〉입니다. 피아노를 어느 정도 수준으로 배운 사람이라면 꼭 한 번쯤 연주해 보았거나 연주하고 싶은 곡이기도 한 아름다운 피아노 솔로 연주곡이지요. '엘리제' 하면 여성의 이름을 떠오르게 하기 때문에 분명 베토벤이 어떤 여성을 위해 작곡한 곡이라는 추측을 하게 될 텐데요. 여기엔 다양한 추측과 설이 난무합니다.

첫 번째는 이 곡을 작곡하기 이전 베토벤이 청혼했던 여인 '테레제 말파티(Therese Malfatti)'를 위해 작곡해 '테레제를 위하여'라고 자필 악보에 적었으나 이 작품을 출판한 친구들이 글자를 잘못 읽어 '엘리제'라고 쓰였다는 가설입니다.

두 번째는 베를린의 음악학자 클라우스 마르틴 코피츠(Klaus Martin Kopitz)가 발표한 논문에서 베토벤의 오페라 주인공 역의 여동생이었던 엘리자베스 뢰켈(Elisabeth Roeckel)이라는 여인이라고 주장한 가설입니다.

세 번째로는 이도 저도 아니고 밝혀지지 않은 새로운 사람일 수도 있다는 것입니다.

이러한 가설들은 베토벤 사후에 발견된 베토벤이 쓴 정체를 알 수 없는 이니셜로 쓰여진 여인에게 보낸 편지가 발견되며 추측되기 시작했는데요. 베토벤의 여인이 과연 누구인지, 이 궁금증에서 시작되어 베토벤의 사랑 이야기로 풀어낸 〈불멸의 연인〉이라는 영화도 제작되었습니다.

"과연 베토벤의 그녀는 누구일까?"

다양한 추측이 난무하지만 어찌 됐건 베토벤은 사랑을 했고, 그 사랑의 마음을 담아 이 아름다운 곡을 남겼다는 것에 의의가 있겠죠. MZ세대들이 친구를 놀리기 위해 부르는 노래가 아닌 이 곡의 원래 의도, 진정한 베토벤의 사랑의 마음을 생각하며 다시 이 음악을 들어 보면 어떨까요?

추천 음악 영상 QR코드 

어디서 들어 봤더라?

"아기 상어 뚜루루뚜루, 귀여운 뚜루루뚜루, 바닷속 뚜
루루뚜루~ 아기 상어!"
"Blackpink in your area~ Blackpink in your area~"
"내 품에 언제나 살아 있고 싶은 걸 느껴 The way of M.I.L"

우리가 자주 듣는 대중음악, 유아부터 어른들까지 세대별로
알 만한 노래들의 가사 일부입니다. 이 노래들의 공통점은 무엇
일까요?

이미 짐작하셨을지도 모르겠지만 바로 클래식 음악을 '샘플
링'했다는 것입니다. 샘플링이란 음악에서 최초 창작자가 만든
음악의 일부를 임의대로 차용하여 편곡하여 만드는 방법입니
다. 자칫 잘못 생각하면, "그거 표절 아니야?"라고 생각할 수 있
는데, '표절'은 기존에 있는 음악을 원래 자신의 음악인 것처럼
속이는 것을 말합니다. '샘플링'은 원곡을 밝히거나 누구나 알
만한 부분을 짤막하게 차용하여 만듭니다. 앞의 동요나 가요와

같이 클래식 음악이나 유명한 팝송의 멜로디 일부를 그대로 삽입하거나 차용하는 것이죠.

클래식을 샘플링하는 경우, 그 음악에 익숙한 사람이라면 새로 만들어진 음악에도 친근감을 갖게 될 수 있고, 반대로 샘플링된 음악을 먼저 듣고 차용한 클래식 음악을 나중에 듣는다면 뭔가 낯설지 않고 친근한 느낌을 받을 것입니다. 가끔 자신도 모르게 클래식 음악을 들으면서, '이 음악 어디서 들어 봤더라?' 생각했다면 어쩌면 샘플링된 음악을 먼저 들어 봤을지도 모릅니다.

앞서 언급한 곡들이 어떤 클래식 음악을 샘플링했는지 한번 알아볼까요?

핑크퐁 〈아기상어〉 vs. 드보르작 〈신세계로부터〉

"아기 상어 뚜루루뚜루, 귀여운 뚜루루뚜루, 바닷속 뚜루루뚜루~ 아기 상어!"

아기부터 엄마, 아빠, 할머니, 할아버지까지 이 단순한 멜로디와 가사의 반복적인 노래는 전 세계 어린아이들의 마음을 사로잡았습니다. 이 핑크퐁의 〈아기상어〉 노래가 담긴 영상은 조회수 100억 뷰를 돌파하며 전 세계 유튜브 조회수 1위를 차지해 전 세계인들이 한 번 이상은 봤을 정도의 파급적인 노래가 되었습니다. 이 노래가 나오면 아이들은 작고 오밀조밀한 손가락과 손을 상어 모양으로 만들어 움직이며 '떼창'을 합니다.

이 세계적인 어린이 동요 〈아기상어〉의 도입부 부분의 멜로디를 기억하시나요?

"빠밤~ 빠밤 빠밤빠밤 빠바바바바~"

우리가 주목할 멜로디는 〈아기상어〉의 도입 부분에 등장하는 바로 그 부분입니다. 뭔가 심각한 상황을 암시하는 긴장감 넘치는 바로 이 음악! 영화 〈죠스〉에서도 상어가 등장할 때 나오는 선율과도 비슷해서 잘 알려져 있습니다. 다양한 영화와 게임음악 등에서 긴장감을 유도하는 배경음악으로도 많이 사용되고 있어 이 곡이 무슨 곡인지는 몰라도 모두의 귀에는 굉장히 익숙하고 또 많이 들어 보셨을 법한 부분입니다. 바로 이 멜로디의 원조도 클래식 음악이라는 사실!

샘플링된 부분은 드보르작이라는 작곡가의 교향곡 제9번, 〈신세계로부터〉라는 작품의 4악장 도입 부분인데요, 〈신세계 교향곡〉이라는 이름으로 더 많이 부르곤 합니다. 작곡가 안토닌 레오폴트 드보르작Antonín Leopold Dvořák, 1841년 9월 8일~1904년 5월 1일은 1841년에 출생하여 활동했던 체코의 작곡가로, 프라하 근교에서 태어났습니다. 어린 시절 바이올린에 두각을 보였던 그는 젊은 시절 비올라 오케스트라 단원으로 활동하다 자신의 나라 체코 민속 음악에 관심을 갖고 이를 자신의 작품에 녹여 체코 음악을 전 세계에 알렸습니다.

드보르작은 독일, 오스트리아뿐만 아니라 영국에도 자주 방문하여 다양한 곡을 남겼고 케임브리지 대학 명예 음악 박사 학위를 받기도 했죠. 오스트리아 빈에서도, 영국에서도 드보르작에게 러브콜을 보냈지만 체코인으로서 긍지를 가지고 살며, 40대까지는 프라하 음악원에서 교수로 재직했습니다.

그러던 중 미국 국립 음악원의 총장인 자넷 서버(Jeannette Thurber)에게서 당시 프라하 음악원 연봉의 25배에 해당하는 큰 금액을 제안받고는 미국으로 건너가게 됩니다. 드보르작은 미국에서 인디언이나 흑인 음악의 매력을 발견하며 공감하게 됩니다. 미국에 있는 동안 드보르작은 교향곡 8번과 9번, 첼로 협주곡 등을 작곡해 전 세계에 명성을 알리게 되는데, 〈신세계 교향곡〉이 바로 교향곡 9번입니다. 여기서 신세계가 미국이라는 뜻도 담고 있다고 하죠. 〈신세계 교향곡〉은 유럽의 클래식 음악에 미국의 흑인, 인디언 음악적 요소와 보헤미안 감성이 절묘하게 융합된 작품입니다.

〈신세계 교향곡〉은 총 4개의 악장으로 이루어져 있는데 그중에서도 〈아기상어〉에서 샘플링된 도입부를 생각하며 피날레인 마지막 악장인 4악장을 소개해 봅니다. 피날레를 장식하듯 화려하고 빠른 템포의 곡입니다. 여담으로 당시 드보르작이 기관차에 관심이 많았다고 하는데 이 도입 부분이 출발하면서 점점 빨라지고 높아지는 증기기관차의 발차 소리에서 모티브를 얻은 것이라고 합니다.

추천 음악 영상 QR코드

블랙핑크 〈셧다운〉 vs. 파가니니 〈바이올린 협주곡 제2번〉

세계적으로 큰 인기를 끄는 K-pop 아이돌 걸그룹 '블랙핑크'. 유튜브 조회수 5억 뷰를 돌파하며 많은 사람들이 듣게 된 이 노래는, 바이올린으로 시작되는 도입부가 심상치 않습니다.

조금 더 알고 가기 Note

악마의 바이올리니스트 파가니니!

실력이 너무 너무 뛰어나다 보니 그의 경이적인 연주 실력이 "악마에게 영혼을 팔아 버린 대가로 얻은 것"이라는 이야기가 파다했다고 해요. 신기에 가깝다고 할 정도로 기교적이고 놀라운 연주를 하곤 해서 '마법'이나 '악마'야말로 파가니니의 실력을 설명할 수 있었던 방법이지 않았을까 합

파가니니는 고난도의 연주 기법을 자유자재로 연주해 유명해 졌지만, 일각에서는 진지한 음악이 아니라 광대같이 경박한 잔 재주를 부려서 이목을 집중시킨다는 비난을 받기도 했답니다. 하지만 파가니니의 기교는 엄청났는데요. 바이올린 한 대로 풍 성한 오케스트라의 소리를 내기도 하고 동물들의 소리를 바이 올린으로 재현해 내기도 했습니다. 바이올린 활이 아닌 막대기 로 연주하기도 했어요. 네 개의 줄을 끼워 연주하는 바이올린을 한두 줄만 끼워 연주하기도 하고, 여러 가지 묘기를 부리면서도 연주를 아주 잘했지요. 처음에는 파가니니에 대한 소문에 반신 반의하던 사람들도 직접 공연을 보고 나면 모두가 팬이 되었다 고 합니다.

블랙핑크가 도입부에 사용했던 이 곡의 원 제목은 파가니 니의 〈바이올린 협주곡 제2번〉의 일부인 '종소리 같은 론도 (Rondeau à la Clochette)'인데요. 많은 사람들이 〈라 캄파넬라〉 라는 이름으로 알고 있습니다. 그 이유는 피아노 편곡 작품의 이름 때문인데요. 피아노의 대가 리스트는 당시 비상했던 파가니니에게 심취하여 커다란 영향을 받게 되죠. 리스트가 파가니니의 이 곡을 편곡해 연주한 피아노 곡에 〈라 캄파넬라〉라는 이름을 붙이게 되었어요. '라 캄파넬라'는 종을 뜻하는 말입니다. 원 제목이 '종소리' 같은 론도인 것처럼 피아노로 편곡된 곡에서도 오른손으로 치는 고음부가 종소리를 드라마틱하게 묘사하고 있지요. 멀리서 들려오는 종소리뿐 아니라 가까이에서 들리는 듯한 소리와 분위기를 피아노의 화려한 기교로 아주 멋지게 표현했습니다.

원곡 파가니니의 〈바이올린 협주곡 제2번〉은 전체 3악장으로 구성되어 있으며 블랙핑크가 샘플링한 부분은 그중에서도 3악장 '종소리 같은 론도' 부분입니다. 파가니니의 곡인 만큼 바이올린에서도 엄청나게 화려한 기교와 어려운 테크닉이 필요한 곡입니다. 테크닉적으로 긴 슬러가 붙은 스타카토나 하행 반음계, 3도, 6도, 옥타브, 더블 스탑의 화음 연주 등 아주 화려한 기교의 향연을 펼치는 연주라 듣기만 하는 것보다 실제 연주하는 공연을 직접 보시면 더 재미가 있을 것입니다.

추천 음악 영상 QR코드

신화 〈T.O.P〉 vs. 차이코프스키 〈백조의 호수〉

1990년대 H.O.T, 젝스키스, S.E.S, 핑클, god와 함께 1세대 아이돌 6대 천왕으로 불렸던 남성 아이돌 '신화'라는 그룹이 있었지요. 현재까지(2023년 기준) 한 번도 해체나 탈퇴 없이 25주년을 맞이하는 최장수 아이돌 그룹이기도 합니다. 이들이 처음부터 승승장구했던 것은 아니었는데요, 당시 국내 최고의 대형 기획사에서 야심차게 준비해 데뷔시켰지만 데뷔 앨범은 신통치 않았습니다. 그러나 이듬해 〈T.O.P〉라는 곡을 타이틀로 발표한 2집 앨범이 크게 히트를 하게 됩니다.

이 곡이 클래식 음악을 차용한 곡인데요, 당시 학생들이 음악 시험에서 원곡이 나오면 원 제목 대신 신화의 〈T.O.P〉라고 썼을 정도라고 합니다. 이 노래는 다른 샘플링된 음악들과는 달리 일부분만 샘플링하고 빠진 것이 아니라 곡 전체적으로 클래식 음악의 메인 멜로디가 어우러져 계속 흘러나옵니다.

이 노래에서 사용된 음악은 차이코프스키의 발레 음악 〈백조의 호수〉에서 '정경'이라는 이름이 붙은 첫 곡입니다. 차이코프스키의 〈백조의 호수〉는 발레 공연을 위해 만들어진 곡으로 전곡이 36곡이나 됩니다. 〈백조의 호수〉라는 발레 공연을 보지 못하셨더라도 동화의 이야기는 많이 알려져 있죠. 이 이야기는 러시아에서 내려져 온 전설로 나쁜 마법사의 저주에 걸려 백조로 변한 오데트 공주와 지크프리트 왕자의 이야기로 만들어진 작품입니다.

〈T.O.P〉에서 사용된 제1곡은 스토리상으로는 제2막 시작 부분에서 연주되는 곡으로 왕자 지크프리트가 호숫가에서 춤추는 백조를 만나게 될 때의 음악이랍니다.

추천 음악 영상 QR코드

영화, 드라마광이라면
이미 클래식 마니아

영화 〈귀여운 여인〉, 〈쉰들러리스트〉, 〈엽기적인 그녀〉, 〈인생은 아름다워〉, 〈마이너리티 리포트〉, 〈암살〉, 드라마 〈오징어 게임〉, 〈왕이 된 남자〉, 〈스카이 캐슬〉, 〈밀회〉, 〈슬기로운 의사 생활〉 등등. 이 영화와 드라마들의 공통점이 무엇일까요?

딱히 접점이 없어 보이는데… 이쯤 되면 '아, 그거구나' 하시겠죠? 클래식 음악이 사용된 영화나 드라마라는 것입니다.

음악이 없는 영화나 드라마는 상상조차 할 수가 없습니다. 스토리가 흘러가는 데 음악은 긴장감이나 애틋함, 슬픔, 기쁨 등의 다양한 감정과 감성을 극대화해 줍니다. 대사만으로는 느낄 수 없는 극의 상황을 청각 효과로 나타내 주죠. 극 안에서 음악의 역할과 중요도가 높기 때문에 영화제나 드라마 어워드에는 음악 부문의 시상도 빠지지 않습니다.

해당 작품만을 위해서 곡을 새로 만들기도 하지만 실은 클래식 곡들이 아주 많이 사용되고 있습니다. 아무래도 클래식 음악이 오랜 시간 훌륭한 음악인들에 의해 축적된 고전음악이다 보니 다양한 상황에서 사용될 수 있는 좋은 음악들이 많아 극의 배경음악으로 쓰기에 효과적입니다. 실리적으로도 '옛날' 음악이다 보니 저작권 문제에서 자유로워 제작 비용을 줄일 수 있는 장점이 되기도 합니다. 영화나 드라마를 좋아하는 사람이라면 이미 다양한 클래식을 들으며 울고 웃었을 것입니다.

영화 〈말할 수 없는 비밀〉 OST

클래식 음악이 소재가 되는 극에서라면 말할 것도 없이 더 많은 클래식 음악이 사용되겠죠. 2007년에 개봉한 〈말할 수 없는 비밀〉이라는 대만 영화를 소개해 드려 볼까 합니다. 배경은 음악예술학교, 피아니스트들의 시공간을 뛰어넘는 사랑 이야기를 담고 있습니다. 클래식을 전공하는 학생들이 연주하는 장면이 많이 나와서 클래식 음악이 빠질 수 없는 영화였죠.

이 영화에선 아주 흥미진진하고 극적인 장면이 나옵니다. 바로 남자 주인공 '샹룬'이 라이벌 '첨우호'와 피아노 배틀을 벌이는 장면입니다. 후에 많은 TV 예능 프로그램에서 패러디를 하기도 하고 큰 인기를 끌었죠. 이때 연주했던 곡이 프레데리크 프랑수아 쇼팽Frédéric François Chopin, 1810년 3월 1일~1849년 10월 17일의 에튀드 Opus. 10번, '흑건'이라는 이름으로도 알려진 음악이에요! 곡 이름에 쓰여 있는 '에튀드'라는 용어가 '연습곡'을 뜻하거든요. 화장품 브랜드가 생각나는 이름이지요? 특이하게도 쇼팽이 오른손 멜로디를 피아노의 검은 건반으로만 연주할 수 있도록 만든 연습곡인데요. 이 영화에서는 전조를 해서 하얀 건반으로만 연주하는 '백건'으로 연주해서 환호를 받습니다.

에튀드

'연구' 또는 '습작'을 뜻하는 프랑스어로 음악에서는 보통 연습곡으로 번역됩니다. 에튀드는 연주 테크닉 즉, 연주의 기교를 습득하기 위해 테크닉 학습의 목적으로 쓰인 곡입니다. 하나의 에튀드는 보통 음계, 아르페지오, 옥타브, 겹음, 트릴 등 어떤 기교를 위해 쓰인 경우가 많습니다. 16세기 초부터 시작해 특히 새로 개량된 피아노가 나타나면서 작곡가와 교수들은 새로운 연주법을 창안해 내는 데 주력했고, 공개 연주회가 성행함에 따라 단순한 연습용이 아닌 보다 높은 예술성을 지닌 연주회용 에튀드를 쓰는 데 전념했습니다. 쇼팽의 에튀드를 비롯하여 슈만, 리스트, 스크라빈, 드뷔시 등의 에튀드가 예술적으로 차원 높은 작품들입니다.

쇼팽의 〈흑건〉은 템포도 빠르고 오른손으로 셋잇단음표 위주의 멜로디를 오직 검은 건반으로만 연주합니다. 왼손은 화음을 스타카토로 연주하는데, 피아니스트들에게는 연주하기 어려운 곡이지만 듣기에는 아주 흥겹고 스릴 넘칩니다. 연습곡의 수준을 넘어서 연주곡으로서도 손색없는 아주 훌륭한 곡입니다.

쇼팽은 총 27곡의 에튀드를 작곡했는데 이는 피아노를 전공하는 학생뿐 아니라 피아니스트들에게 피아노의 교과서로 불리는 곡들로, 꼭 거쳐야 할 정석과 같은 위치에 있는 작품입니다. 쇼팽의 에튀드가 중요한 이유는 쇼팽이 낭만시대의 피아노 음악에 있어 혁신적인 테크닉을 개발하였고 아울러 피아니즘에서 중요한 부분들을 이 에튀드에 담고 있기 때문입니다. 쇼팽 에튀드는 연습곡이면서 음악적으로도 훌륭한, 독립적인 연주곡으로 가치가 있습니다.

에튀드라는 장르는 연습 단계로서 쇼팽의 에튀드 이전에도 계속 있어 왔던 장르입니다. 쇼팽은 테크닉을 익히는 기계적인 연습에 불과하던 연습곡들에 음악성을 불어넣어 가치를 높였고 후대 작곡가들의 에튀드에도 큰 영향을 주게 됩니다. 우리 시대 피아노를 전공하려는 사람이라면 반드시 연주해야 하는 일종의 입시 필수코스가 되었습니다.

쇼팽이 작곡한 에튀드는 모두 3개의 묶음으로 나뉘는데요.

Op. 10의 12곡, Op. 25의 12곡, 3개의 작은 에튀드로 총 27개의 곡입니다. 〈흑건〉 에튀드의 정확한 명칭은 〈Etude Op. 10 no. 5〉로 작품 번호가 10-5입니다. 사실 쇼팽은 자신의 에튀드에 제목을 붙인 적이 없습니다. 오늘날 널리 알려진 대부분의 쇼팽 작품들의 부제들은 평론가 혹은 후세 음악가들의 평가에서 비롯된 것일 가능성이 큽니다. 그만큼 특징이 분명하다는 뜻이겠죠? 한번 들어 보시겠습니다.

추천 음악 영상 QR코드

쇼팽

피아노의 시인, 낭만주의 피아노 역사상 리스트와 함께 최고의 업적을 이룩한 폴란드 출신의 작곡가이자 피아니스트입니다. 쇼팽의 피아노 작품들은 200곡에 달합니다. 피아노 분야에서 새로운 세상을 열었고 매우 기교적이지만 피아노를 음악적 도구로 사용하면서도 예술적으로 표현력이 뛰어난 작품들을 남겼습니다. 다양한 음색을 구현하기 위해 노력했고 당시 쉽고 경쾌한 악보를 만드는 대중성을 뒤로하고 예술적이며 혁신적인 작품들을 만들었습니다.

쇼팽이 벌어들인 음악활동 수익은 독립운동을 위해 쓰였다고 할 만큼 애국자였습니다. 내성적이며 고독을 즐기는 사나이였고요. 그의 건강하고 아름다운 예술성과는 반대로 허약한 체력과 폐결핵으로 이른 나이에 세상과 작별을 고하게 됩니다.

폴란드에서는 최고의 위인으로 꼽히며 바르샤바의 공항에도 그의 이름이 사용되고 있으며(바르샤바 쇼팽 국제공항), 피아노 분야 최고의 콩쿠르인 '쇼팽 국제 피아노 콩쿠르'도 그를 기념해 열리고 있습니다.

드라마 OST 〈오징어 게임〉

전 세계인들에게 충격(?)을 안겨 준 드라마 〈오징어 게임〉을 기억하실 것입니다. 456억 원의 상금이 걸린 의문의 서바이벌에 참가한 사람들이 최후의 승자가 되기 위해 목숨을 걸고 극한의 게임에 도전하는 이야기였죠.

〈오징어 게임〉에서도 어김없이 클래식 음악이 등장합니다. 그것도 한 번이 아니고 여러 번이요. 극 중 제일 처음 나온 클래식 음악이자 주인공이 초반에 정신을 잃고 게임하는 장소로 끌려갔다가 깨어나게 되었던 장면 기억 나시나요?

참고 영상 QR코드 

아침을 깨우는 시계 알람 소리, 군대에서 아침을 깨우는 악기라 하면 보통 나팔을 떠올리죠? 우리가 보통 나팔로 알고 있는 악기가 클래식에서는 트럼펫입니다. 드라마에 등장한 음악은 하이든의 〈트럼펫 협주곡〉입니다. 아침을 깨우는 음악으로 나팔과 같은 트럼펫 곡을 선정한 것 같습니다. '돈'이라는 목적을 향해 자발적으로 모이긴 했지만 가면을 쓴 집단의 통제하에 있으면서, 초록색 운동복이라는 같은 옷차림에, 한 장소에서 함께 먹고 자는 일과는 군대와 비슷한 환경이니까요.

트럼펫은 굉장히 화려하고 밝은 음색을 가진 금관 악기인 데다 전통적으로 환희와 승리, 또한 왕이 등장할 때 울리는 팡파르 악기로 사용되어 왕의 권위와 품격을 상징하기도 합니다. 전쟁에서 이겨 승전가를 연주할 때 힘찬 소리를 내며 군악대에서는 절대 빠지면 안 될 악기이지요. 실제로 바로크 시대 이전에 군사적 목적으로 트럼펫을 사용하였기에 군대와도 잘 어울리고 힘찬 소리를 내는 악기입니다.

조금 더 알고 가기 Note

〈오징어 게임〉 이전, 약 40년 전으로 거슬러 올라가면 아주 오랜 시간 인기를 끌었던 TV프로그램 중 〈장학퀴즈〉가 있었습니다. MBC에서 1973년 하이든은 클래식 음악의 중추 역할을 하는 고전파 시대 대표 클래식 작곡가 중의 한 명입니다. 이 곡이 하이든의 가장 유명한 협주곡으로 언급될 만큼 히트작이고 지금까지도 많은 사랑을 받고 있습니다. 하이든의 유일한 트럼펫 협주곡이자 가장 마지막에 작곡된 협주곡 작품이라 또 의미가 있습니다.

작곡가에게 영감을 주는 것은 참 다양한데, 친구도 아주 중요하다는 것을 알려 주는 작품이기도 합니다. 이 곡은 하이든의 오래된 친구이자 아끼는 후배였던 오스트리아의 트럼펫 거장 '안톤 바이딩거'를 위해 작곡한 곡입니다. 트럼펫의 기존 연주법에는 여러 가지 표현의 제약이 있었습니다. 바이딩거는 당시 트럼펫의 기능을 개선하여 음악사에 큰 업적을 남긴 트럼페티스트(Trumpetist)였습니다. 반음계를 자유롭게 소리낼 수 있는 트럼펫을 고안해 낸 열정과 비전이 하이든에게도 매력적으로 다가왔나 봅니다. 하이든은 이 작품을 남김으로써 '그 당시 동시대 작곡가들이 외면하던 트럼펫에 새로운 생명력을 불어넣어 주었고, 동시에 악기의 위상을 끌어올려 주었다'는 공로를 인정받았습니다. 멋진 친구가 있었기에 탄생한 곡, 맞습니다.

이 곡은 총 3악장으로 구성되어 있는데 〈오징어 게임〉에 삽입된 곡은 마지막 악장인 3악장입니다. 우리가 트럼펫 하면 군대 기상나팔을 떠올리는 것처럼, 음악도 왠지 강렬할 것 같잖아요. 그런데 들어 보면 '트럼펫이 이렇게 감미롭고 아름다운 소리가 나는 악기였나?' 하는 생각이 듭니다. 여러분들의 몸과 마음을 깨워 줄, 하이든의 〈트럼펫 협주곡〉 3악장을 들어 보겠습니다.

추천 음악 영상 QR코드

클래식의 클래식,
빅데이터가 알려 준다!

'빅데이터(Big Data)'는 방대한 양의 데이터라는 뜻이지만 데이터를 분석해 다양한 분야에 활용하는 기술을 말합니다. 이 기술을 사용하여 다양한 학문과 비즈니스에서 유용한 정보들을 만들어 내고 있죠.

카이스트(KAIST) 문화기술대학원 연구팀에서 클래식 음악에도 이 기술을 적용해 보았습니다. 1500년대 이전 중세 시대, 르네상스 시대의 작곡가로부터 2000년대 현존하는 작곡가까지 500년이 넘는 서양 클래식 음악의 역사를 빅데이터로 분석한 결과, 클래식 음악에 가장 많은 영향을 끼친 작곡가가 누구인지 나왔습니다. 대망의 1위는 누구였을까요?

무려 1,551명의 각기 다른 작곡가들과 연결되어 있다고 분석된 '요한 세바스찬 바흐(J. S. Bach)'였습니다. 바흐는 놀랍게도 이러한 과학적인 결과 이전에 이미 '음악의 아버지'라고 불리고 있는 위대한 작곡가입니다. 음악의 아버지라는 별칭은 우리나라와 일본에만 있다고 하지만 그 정도로 서양 클래식 음악사에서 아주 중요한 인물로 꼽힙니다.

《뉴욕타임즈(New York Times)》의 권위 있는 수석 음악 비평가 안소니 토마시니는 역사상 가장 위대한 작곡가 1위를 바흐로 꼽았고(2011년), 영국의 BBC가 만든 음악 매거진《Classical Music》에서 174명의 전 세계 유명 작곡가들을 상대로 조사한 '가장 위대한 작곡가 투표'에서도 바흐가 1위를 기록했습니다(2019년).

요한 세바스찬 바흐(Johann Sebastian Bach)

오늘날 듣는 음악들은 바흐에 의해 태어났다고 해도 과언이 아닐 정도로 바흐는 클래식뿐 아니라 음악의 기초를 닦은 분입니다. 바흐가 살았던 바로크 음악 시대의 음악 수준을 최고로 끌어올렸고, 그다음 시대인 고전파 시대의 위대한 작곡가 3인방 하이든, 모차르트, 베토벤에게도 음악적으로 많은 영향을 끼쳤어요. 바흐가 평생 작곡한 곡들은 무려 1,200곡이 넘고 그 장르도 매우 다양합니다. 그뿐 아니라 '평균율', '대위법'과 같은 엄청난 개념을 정립했고요. 바흐가 사용한 작곡 기법과 그 수준은 아주 높았습니다. 음악학적으로 풀어낸다면 끝이 없을 것입니다.

요한 세바스찬 바흐를 우리는 바흐라고 부르지만, 사실상 바흐는 우리나라의 김, 이, 박, 최와 같은 성(Family Name)입니다. 바흐는 200여 년 동안 80여 명의 음악가를 배출할 만큼 엄청난 대(大)음악 가문이었죠. 바흐 집안이 살았던 중부 독일의 튀링겐 지방에서는 '바흐'가 '거리의 악사'를 가리키는 대명사로 쓰였을 정도였습니다.

음악의 아버지 요한 세바스찬 바흐는 두 번의 결혼으로 무려 스무 명의 자녀를 낳은 찐(!) 아버지였죠. 요한 크리스토프 바흐(1642~1703)와 요한 미하엘 바흐(1648~1694) 등 매우 뛰어나고 유명한 작곡가들을 길러 낸 아버지이기도 했습니다. 바흐는 음악 교육에도 관심이 많았고 실제로 자녀를 위한 교육 음악을 작곡하기도 했어요. 가족들을 위한 가정 음악회도 자주 열었다고 합니다. 1720년에 작곡한 〈아들 빌헬름 프리데만 바흐를 위한 소품집〉이라는 작품도 있을 정도지요.

추천 음악 영상 QR코드

바흐가 진정한 음악의 아버지라 불리게 된 중요한 이유 중 하나는 '평균율'로 조율된 클라비어(Klavier) 음악인 〈클라비어 평균율 곡집〉을 작곡한 것입니다. 이 이야기를 시작하려면 먼저 고대 그리스로 떠나 봐야 합니다. 학창 시절 수학, 세계사에서 빼놓을 수 없었던 그리스의 철학자이자 수학자인 피타고라스 Pythagoras, BC 582년 추정~BC 497년 추정, 어느 날 대장간 앞을 지나다가 망치로 모루를 치는 소리에서 신기한 점을 발견하게 됩니다. 망치와 모루의 크기에 따라 음의 높이가 변한다는 규칙을 발견하며 음정의 비율을 알게 된 것이죠.

두 개의 현의 진동에서 나오는 소리가 아름답고 조화롭게 들리는 비율에 대해 관찰을 하며, 가장 조화로운 것을 기준으로 하여 음률의 체계를 만들게 됩니다. 피타고라스는 서로 다른 소리이면서 조화를 이루는 경우를 찾아보게 되는데 두 현의 길이 비가 2:3일 때 조화를 이룬다는 사실을 알게 되죠. '도' 음이 나는 현의 길이를 1이라고 한다면, 그 길이가 2/3인 현의 소리는 '솔'이고, '솔' 현의 2/3이면서 총 길이의 4/9인 현의 소리는 '레'가 됩니다. 이런 식으로 반복하여 만든 한 옥타브에 12개의 음을 배치한 것을 피타고라스 음계라 합니다.

한동안은 피타고라스가 이렇게 세운 12음인 순수한 정수 비율로 이루어진 '순정률'을 사용했는데, 이것의 문제점은 조옮김을 하게 되면 맞지 않는 음들이 생긴다는 것이었죠. 그래서 근사치의 음정을 실용적으로 균등하게 나눈 음인 '평균율'이라는 개념을 도입하게 되는데요. 더 깊이 들어가면 너무 수학적이고 어려워질 수 있는 내용이라 이쯤에서 음악적인 결론만 이야기하면, 바흐의 업적은 이 작품을 통해 '평균율'로 조율하여 연주를 하면 화성에 거슬리지 않고 문제없이 아름다운 연주가 가능하다는 엄청난 '음악의 법칙'을 만들어낸 것입니다.

〈클라비어 평균율 곡집〉은 현재 우리가 사용하고 있는 조성(Key)의 정석이라고 할 수 있습니다. 도(C)부터 시(B)까지(도, 도#(레 b), 레, 레#(미 b), 미, 파, 파#(솔 b), 솔, 솔#(라 b), 라, 라#(시 b), 시)의 12개 조성(Key)을 장조(Major)와 단조(minor) 2가지로 나누었고, 각각 전주곡(Prelude)과 푸가(Fugue)를 만들어 총 48곡(12×2×2)으로 만들었습니다. 이 음악을 처음부터 끝까지 쉬지 않고 다 들으면 무려 5시간이 걸린답니다.

클래식의 클래식, 바로크 시대

음악의 아버지 바흐가 살았던 시대를 '바로크 시대'라고 합니다. 우리에게 기록으로 남아 있는 클래식 음악 역사 중에서도 앞선 시대이자 후세 클래식 음악의 기틀을 만들어 준 시대죠. 다시 한번 잠시 학창 시절에 배웠던 세계사를 떠올려 보겠습니다. 16세기의 유럽은 1517년에 시작되어 100여 년에 걸친 종교 전쟁, 종교 개혁, 그리고 봉건제도의 몰락과 절대왕정의 탄생 등, 일련의 다양한 사회적 변혁이 일어났습니다. 더불어 음악에도 아주 큰 변화가 일어났죠. '바로크 음악 시대'는 그 시기에 시작되었다고 할 수 있는데, 16세기 말부터 18세기 중반까지로 볼 수 있습니다.

조금 더 알고 가기 Note

바로크 시대

'바로크 시대'란 대략 1600~1750년, 유럽 전체에서 형성되었던 예술 양식에 대한 시대적 개념입니다. '바로크'라고 하는 단어는 '일그러진 진주'를 뜻하는 포르투갈어 'barrôco'에서 유래되었습니다. 이 용어는 17세기의 건축 미술 양식(건축, 회화, 조각 등)에서 시대 양식 개념으로 처음 사용되었죠.

'바로크풍'이라 함은 그 시대의 특징이었던 자유분방함, 기괴한 양상, 우연으로 인한 현상 등이 강조된 예술 양식입니다. 바로크 이전 시대인 르네상스 시대에는 질서와 균형, 조화와 논리성 등이 강조되었기에 큰 차이가 느껴졌습니다. 바로크 예술은 단순히 자유분방함만이 아닌 최소한의 질서가 있기에 더욱더 매력적인 예술로 다가옵니다.

바로크 음악 또한 같은 시기의 음악을 말합니다. 바로크 음악 시대는 이전의 교회를 중심으로 발달했던 중세음악과 달리 유럽 전역이 절대 군주의 시대가 되며 궁정이나 귀족 중심으로 발달되었습니다. 성악에서 기악이 독립적인 형식으로 자리 잡고, 오페라, 오라토리오 등이 나타나며 오늘날 서양 음악의 기초가 되는 시기여서 클래식 음악사에서 중요하게 보는 시대입니다. 비발디, 바흐, 헨델 등이 바로크 시대의 대표적인 음악가입니다.

바로크 시대 이전에는 유럽의 중세 시대, 르네상스 시대로 교황과 교회의 힘이 아주 대단했지요. 음악 또한 교회를 중심으로 만들어졌습니다. 바로크 시대부터는 궁정과 부유한 귀족들이 힘을 얻게 되었고 음악 또한 자연스럽게 그들을 위한 작품들이 많이 생겨나게 됩니다. 옛날 유럽을 배경으로 한 영화를 떠올려 보면 가발과 화려한 옷을 입고 궁정과 귀족 살롱에서 연주하는 모습이 그려지죠. 클래식 음악이 왕실과 귀족들의 전유물이라고도 생각되는 이유입니다.

'바로크'라는 단어 자체의 뜻은 '일그러진 진주'입니다. 중세에
서 르네상스 시대의 종교음악에만 익숙해져 있던 사람들에게
바로크 시대의 음악들은 충격적이면서도 화려하게 느껴졌어요.
점점 왕권이 강화된 절대주의 시대가 되며 궁정을 중심으로 화
려함과 장대함이 강조되는 분위기가 됩니다. 음악 또한 오페라
와 오라토리오 등과 같은 극의 요소가 담긴 음악이 활발히 제작
되었습니다. 오페라는 현대에도 많이 공연되기 때문에 어떤 장
르일지 대략적으로 알고 있지만 '오라토리오'는 낯선 단어일 수
도 있습니다.

오페라는 음악, 극, 무대, 의상, 소품 등이 음악을 중심으로 어
우러진 '종합 무대 예술'입니다. 오라토리오는 음악과 극이 있다
는 점에서 오페라와 비슷하지만 내용적으로는 성서에 입각한
종교적인 내용을 지녀 동작이나 무대장치가 따르지 않습니다.
독창과 합창, 관현악 반주가 등장하지만 오라토리오는 오페라
에 비해 합창의 비중이 더 크고 이야기는 내레이터가 있어 극을
이끌어 갑니다.

바로크 시대 음악의 또 하나의 특징은 '기악'이 발달했다는 것
입니다. 이전 교회 음악에서는 성스럽게 노래를 부르는 음악,
합창과 같이 성악 위주의 음악이었고 기악은 노래를 반주하기

위한 경우가 많았습니다. 바로크 시대부터는 기악곡이 독립적으로 발달하며 오르간, 바이올린, 쳄발로 등과 같은 다양한 악기의 발전과 함께 악기만을 위한 기악곡들이 많이 작곡되었습니다.

200년 만에 세상에 나온 바흐의 첼로 독주곡

바흐의 음악에서도 바로크 시대의 특징적인 기악곡들을 많이 볼 수 있는데요. 앞서 소개했던 '띠로리~' 음악인 〈토카타와 푸가〉도 바흐의 기악 대표곡이기도 하지요.

이번에 소개할 음악은 바흐의 〈무반주 첼로 모음곡〉입니다. 독주 악기를 위해 작곡된 작품들 중 가장 위대한 작품 중 하나로 평가받고 있습니다. 그동안 반주 악기로만 여겨졌던 첼로로 독주곡을 만든 것입니다. 이 곡은 스페인 바르셀로나의 한 고서점에서 첼리스트 '파블로 카잘스'에 의해 발굴되어 1900년대에 들어서야 대중에게 알려졌습니다. 1889년 당시 13세의 소년 파블로 카잘스가 우연히 악보를 찾게 되었고 12년 동안 연구하고 연습하여 공개하였습니다. 독주 악기로서의 잠재력뿐 아니라 첼로가 낼 수 있는 기교와 표현, 넓은 선율 등을 나타내 준 걸작으로 평가받고 있습니다.

〈무반주 첼로 모음곡〉은 총 여섯 개의 모음곡이며 각 곡은 또한 6개의 악장으로 이루어져 있습니다. 곡 전체는 프렐류드-알르망드-쿠랑트-사라방드-(미뉴에트, 부레, 가보트)-지그의 형식을 갖추고 있습니다. 당시 모든 곡에 필수적으로 동반했던 저음 반주 악기였던 '통주저음'(오늘날의 베이스와 같은 역할의 악기)이 없이 '무반주'로 연주되는 것이 가장 큰 특징이죠. 첼로 한 대로 반주와 멜로디 모두 담아내는 폭 넓은 주법을 보여 줍니다. 현재는 첼로 연주자라면 누구나 거쳐 가야 할 기본 작품이 되었습니다.

추천 음악 영상 QR코드 

클래식은 에티켓도 클래식

"클래식 음악은 귀족의 전유물이다."

"잘 차려 입고 예술의 전당 같은 공연장에 가서 꽤 비싼 입장권을 구매해야 들을 수 있을 것 같다."

"박수도 언제 쳐야 할지 모르겠고, 조용한 분위기라 숨도 참아야 할 것 같아 부담스럽다."

클래식을 부담스럽게 느끼게 되는 고정관념들입니다. 클래식 음반이나 음원, 영상은 언제든 부담 없이 편하게 듣고 볼 수 있지만 '공연'을 가는 것이 문제라고들 생각하죠. 부담스럽고 어렵게 느껴지는 이유는 '잘 모르기 때문'입니다. 하지만 반대로, '알면' 쉽겠죠?

클래식이 우리나라에서 시작된 것도 아니고 '옛날 유럽'의 것이기 때문에 문화가 다를 수밖에 없습니다. 해외여행을 가기 전에 그 나라 문화에 대해 알아보고 주의해야 할 점을 숙지하는 것처럼 공연도 마찬가지입니다. 대중음악, 록, 재즈, 힙합, 뮤지컬 등 다양한 장르가 있고 각 공연마다 문화와 에티켓이 존재합니다. 무작정 가는 것보다 알아보고 가는 것이 좋지요.

클래식 공연은 이 책에 있는 내용 정도만 알아 두서도 충분합니다. 관람을 위한 에티켓 10가지를 간단히 알아보겠습니다.

1. 공연 정보 미리 보기!

모든 공연에는 대부분 포스터나 팸플릿 또는 티켓 예매처가 제공하는 공연 정보가 있습니다. 클래식 공연도 마찬가지인데요. 클래식 공연은 어떤 곡을 연주하는지, 어떤 출연진이 나오는지, 음악과 음악가의 특징 등을 공연 제목으로 떡하니 공개합니다.

요즘에는 해설이나 진행자가 있는 클래식 음악회도 많지만, 원래 전통적인 클래식 음악회는 아무 말 없이 시작하고 진행됩니다. 그래서 팸플릿이나 프로그램 책자에 자세한 정보와 해설이 들어가기도 하죠.

미리 공연 정보를 한 번만 보고 가도 충분합니다. 요즘은 인터넷 포털 사이트에서 검색만으로 대부분의 정보를 파악할 수 있으니 '모른다'는 두려움이나 부담감은 버리고 입장할 수 있답니다.

2. 뭐 입고 갈까요?

'클래식 공연에 잘 차려 입고 가야 한다'는 막연한 생각은 드라마나 영화를 통해 보았던 무의식의 흐름 때문일 수 있습니다. 어떤 드라마에서 피아노 공연을 갈 때 정장을 입고, 어떤 영화에서는 오페라 공연에 귀족들이 드레스를 입는 모습을 봤죠.

클래식 공연을 보러 갈 때 꼭 정장을 입을 필요는 없습니다. 분위기나 느낌 정도만 맞춘다고 생각하시면 어떨까 합니다. 어떤 행사나 상황이든 어울리는 무드와 드레스코드가 존재하지요. 결혼식이나 돌잔치 또는 직장 미팅 등에서 점잖은 의복을 선택하는 것과 같습니다.

복장은 자유지만 클래식 음악회는 보통 조용한 분위기로 진행되는 점을 참고하면 좋겠습니다. 방울이나 화려한 장식이 달린 옷으로 움직일 때마다 소리가 난다거나, 출연진들보다 너무 주목받는 특이한 의상이라거나, 옷이 너무 커서 옆에 앉은 사람에게 방해가 된다거나 하는 등의 경우는 피해야겠지요. 상식적으로 분위기에 맞춰 입으면 된다는 것입니다.

3. 큰 짐은 잠시 맡겨 두어도 괜찮아요!

살다 보면 특정 공연의 특정한 출연진을 보기 위해 가는 경우도 있습니다. 클래식을 하는 지인이 있어 초대받기도 하고, 클래식에 관심이 생기고 특정 악기에 꽂혀 특정 뮤지션을 좋아하게 되어 관련 공연을 보러 가기도 합니다. 그럴 때는 꽃다발이나 케이크, 선물 등을 준비하기도 하는데요. 이런 것들을 객석으로 가져가면 어떻게 될까요?

보통 객석은 한 사람이 앉을 공간이기 때문에 공연 관람에 방해가 됩니다. 본인도 불편하고 타인에게 방해가 될 수도 있지요. 그래서 대부분의 클래식 공연장에는 짐을 맡겨 둘 수 있는 '짐 보관소'나 안내데스크가 있습니다. 꽃다발이나 선물 또는 큰 가방과 짐들은 맡기고 편하게 공연을 관람하면 좋습니다. 공연이 끝난 후 뮤지션들도 나오는 데 시간이 좀 걸리기 때문에 물건을 찾고 나서 인사할 시간은 충분합니다.

혹시 보관소가 없다면 공연과 상관없는 큰 짐들은 차에 두시거나 지하철 보관소 또는 사람들 통행에 불편함이 없는 한쪽에 두는 것도 방법입니다.

4. 입장과 이동은 이렇게!

클래식 공연은 아무 때나 입장할 수 없습니다. 늦어도 공연 10분 전에는 도착해 입장권을 찾아 자기 자리에 미리 앉아 있어야 합니다. 부득이하게 늦게 도착할 경우에는 한 곡이 끝날 때까지 기다렸다 입장이 가능합니다. 공연이 진행되는 동안은 입장과 이동을 할 수 없고 곡 사이사이에만 입장과 이동이 가능합니다. 클래식 공연 특성상 한 곡이 굉장히 길 수도 있습니다. 미리 가야 소중한 한 곡을 놓치지 않을 수 있겠죠?

중간에 갑자기 일이 생겼을 때도 한 곡이 끝난 후 이동하는 것은 마찬가지입니다. 본인 생각만 하고 연주가 진행되고 있는데 벌떡 일어나 이동하게 된다면 많은 이들의 눈살을 찌푸리게 만들 것입니다. 클래식 공연 중에는 되도록 이동을 자제해 주시고 화장실도 미리 다녀오세요. 긴 공연의 경우 '인터미션(Intermission, 중간 휴식 시간)'이 있습니다. 볼일이 생기거나 이동이 필요할 때는 이 시간을 활용하시고 불가피할 때만 곡과 곡 사이에 조용하게 이동해야 합니다.

5. 박수는 언제 쳐요?

공연에서 연주자들의 훌륭한 연주에 대한 감동과 찬사를 관객들은 박수로 표현합니다. 그런데 클래식 공연은 아무 때나 손뼉을 치지 않습니다. 클래식 공연이 어렵게 느껴지는 가장 큰 이유가 '박수 타이밍을 잘 몰라서'일 정도입니다.

클래식 음악 곡에는 '교향곡', '협주곡', '소나타' 등의 형식이 있는데 이러한 형식은 한 곡이 여러 개의 '악장'으로 나눠져 있는 경우가 많습니다. 보통은 3~4악장으로 나뉘는데요. 각 악장은 각 부분이 제각기 완결적인 독립성을 갖고 있기 때문에 한 악장이 끝나면 마치 한 곡이 다 끝난 것 같습니다. 하지만 악장과 악장 사이에는 박수를 치지 않는 게 원칙이죠. 다음의 베토벤 교향곡 제5번을 예시로 보겠습니다.

Ludwig van Beethoven, Symphony no. 5 in C minor, Op. 67(베토벤 교향곡 제5번 다단조 작품번호 67)

Ⅰ. Allegro con brio(C minor)

제1악장 힘차게 빨리(다단조)

Ⅱ. Andante con moto(A♭ major)

제2악장 안단테보다 조금 빠르게, 느리게, 그러나 활기 있게(내림가장조)

III. Scherzo: Allegro(C minor)
제3악장 스케르초: 빠르게(다단조)
IV. Allegro-Presto(C major)
제4악장 빠르게-아주 빠르게(다장조)

총 4악장으로 이루어진 교향곡입니다. 1악장과 2악장 사이, 2악장과 3악장 사이, 3악장과 4악장 사이, 각 악장이 끝났을 때는 박수를 치지 않고 마지막 4악장이 끝나야만 손뼉을 치는 것입니다. 1~4악장을 모두 마쳐야 한 곡이 끝났다고 보기 때문이죠. 1~3악장 음악이 아무리 좋았어도 박수를 아껴 두었다가 4악장이 끝난 후 박수를 쳐야 합니다.

악장이 언제 시작해서 언제 끝났는지조차 잘 모르겠다고요? 3가지 팁을 드리겠습니다.

1. 제일 좋은 방법은 남들이 박수를 시작할 때 치는 것입니다. 연주에 감동을 받았더라도 일단은 참아 봅니다. 여유를 가지고 여운을 느껴 보세요.

2. 오케스트라 곡인 경우 지휘자를 봅니다. 지휘자는 곡이 다 끝나지 않으면 지휘봉을 내려놓지도 않고 뒤돌아서 인사하지도 않습니다. 모든 곡을 마치고 지휘자가 뒤를 돌아 객

석에 인사할 때 박수를 보내면 됩니다. 연주자도 마찬가지로 악장 사이에는 인사하지 않습니다. 모든 곡을 다 마치고 객석에 인사할 때 박수를 하면 됩니다.

3. 클래식 음악회 프로그램에는 관련된 팸플릿이 준비되어 있는 경우가 많습니다. 어떤 곡들이 있는지, 악장은 몇 개가 있는지 미리 살펴보면 언제쯤이 박수 타이밍인지 파악할 수 있게 됩니다.

6. 휴대폰은 잠시 수면 상태로

박수를 보낼 때가 아닌데 박수 소리를 내는 것도 굉장히 튀는 행동인데, 휴대폰 벨소리가 울리는 것은 엄청나게 눈살을 찌푸리게 하는 행동입니다. 공연이든 영화든 막론하고 공공장소에서는 휴대폰을 무음으로 설정해 놓는 것이 '예의'지요. 공연장 내에서는 아주 작은 소리도 크게 들리기 때문에 진동보다는 '무음'으로 설정해 놓거나 꺼 두는 것이 좋습니다. 알람도 잘 꺼져 있는지 확인해 봐야 합니다.

무음 설정은 당연한 일이고 공연장 객석은 어두운 상태이기 때문에 휴대폰을 확인하는 것 자체도 타인의 관람 시선에 방해가 됩니다. 되도록 휴대폰은 꺼내지 않고 잠시 꺼서 가방에 넣어 두는 것이 좋겠습니다.

7. 인증샷은 언제 찍을 수 있나요?

스마트폰, 소셜네트워킹, SNS가 인기를 끌면서 많은 이들이 일상을 사진과 영상으로 담아 두는 것이 생활화되었죠. 클래식 공연에 간 일상도 참 행복하고 즐거운 일이지만 공연 중 촬영은 금물! 공연 중 '찰칵' 소리가 들리는 것도 방해가 되는 것도 있지만, 원칙적으로 공연 중에는 사전에 허가를 받은 관계자만 촬영이 가능합니다.

뉴욕의 카네기 홀 같은 경우는 계약에 언급되지 않은 촬영된 사진이나 영상물을 사용할 경우 벌금이 무려 1초에 약 200만 원 정도라고 합니다. 국내 클래식 전용 홀인 예술의전당이나 롯데콘서트홀 등 같은 경우도 공연 중 촬영 시 직원들이 제재를 하고 지우도록 요청합니다. 그만큼 촬영에 대해서는 공연장 관람 규칙으로도 엄격합니다.

공연 중 무단으로 사진이나 영상을 촬영하는 것은 망신을 당할 수 있는 것은 물론, 때에 따라 범죄행위가 될 수도 있다는 점을 꼭 알아 두세요. 인증샷을 남기고 싶다면 공연이 다 끝난 후 출연진들이 무대에 모두 나와 인사하고 다 함께 마지막 박수를 보낼 때 가능합니다. 공연은 눈과 마음으로 담아 주시고 인증샷은 마지막 여운으로만 남겨 주세요!

8. 기침은 언제 하죠?

클래식 공연에서는 공연 사이사이도 매우 조용하지만 피아니시모(pp, 아주 작고 여리게 연주하라는 뜻)로 연주하는 경우 홀 전체가 숨 죽이듯 아주 고요하고 조용한 분위기가 됩니다. 이럴 때 소음이 조금이라도 발생하면 연주자들에게도 관객들에게도 굉장히 방해가 되는데요. 바스락거리는 짐과 옷도 맡겨 두었고, 휴대폰도 꺼 두었지만 가끔 제어가 되지 않는 문제가 나타나기도 합니다. 《탈무드》에 '세상에서 숨길 수 없는 두 가지가 있다면 사랑과 기침(재채기)'이라는 말이 있다지요?

코로나19 이후 감기 증상이 조금이라도 있으면 공공장소에 가는 것을 자제하는 문화가 생겨 덜하겠지만 아무래도 한겨울에는 공연장에서 기침 소리가 가끔 들리기도 합니다. 조용한 공연장에서 기침 소리도 예민한 관객들에게는 굉장히 거슬리죠. 혹시나 기침을 심하게 많이 하는 상태라면 공연에 가는 것을 다음 기회로 미루는 것이 좋습니다. 공연 중에는 되도록 참아 보는 게 좋겠지만 정말 참다 참다 못 참을 때는 곡이 끝나는 시점,

박수 타이밍에 하시는 게 좋겠습니다. 나도 모르게 갑자기 나오는 기침이나 재채기를 대비해 생수나 사탕을 준비하는 것도 방법입니다.

9. 배가 고파도 조금만 참아요~

공연장 내부에는 일반적으로 음식물과 음료수 반입이 금지되어 있습니다. 기침도 마음대로 못 하는 상황인데 음식을 섭취하는 것은 말도 안 되는 일이죠? 영화관에서 팝콘과 탄산음료를 섭취하는 것에 익숙하기 때문에 혹시 공연 중에도 되지 않을까 하는 사람이 있을지 모르겠지만 클래식 공연에서는 안 됩니다!

공연에 방해가 되기 때문에 금지되는 점도 있지만, 공연장안에는 카페트가 깔려 있기도 하고 공연장을 이루고 있는 많은 시설물이 있는데 이곳에 음식물을 흘리게 되면 청소에 비용과 시간이 소요되는 것은 물론, '쥐'가 생겨서 시설물을 갉아먹게 되면 공연장이 망가질 수도 있기 때문입니다.

저녁 시간 전후에 공연이 시작되는 경우가 많기에 식사를 못 하셨다면 오는 길에 간단하게 요기를 한다거나, 공연 시간 정도만 꾹 참고 관람 후에 식사를 하시기 바랍니다.

10. 앵콜은 언제, 어떻게 해요?

예정된 프로그램의 모든 연주가 끝난 후 박수를 신나게 보낼 수 있는데, 때로는 공연이 너무 좋아 이 박수와 함성만으로도 부족하게 느껴질 때가 있습니다. 그럴 때는 일어서서 기립박수를 보내 주셔도 됩니다. 그리고 앵콜(앙코르)을 외쳐 주세요!

브라보(Bravo), 브라바(Brava)라는 소리를 들어 보신 적도 있으실 겁니다. 보통 성악가들에게 많이 하는 이탈리아어의 '잘한다'라는 찬사인데요, 연주자들에게 외치기도 합니다. 남성 뮤지션 한 명에게 보내는 경우는 '브라보(Bravo)', 여성 뮤지션 한 명에게 보내는 경우는 '브라바(Brava)', 남성 중창이나 남녀 혼성일 경우는 '브라비(Bravi)', 여성 중창일 경우는 '브라베(Brave)'라고 외칩니다.

클래식 음악 공연, 감동적으로 즐기셨다면 모든 공연이 끝나고 마음을 담아 큰 박수와 함께 외쳐 주세요.

이제 자신 있게 클래식 공연을 관람하실 수 있겠죠?

GATE B

계절의 문:
계절을 느낄 수 있는 클래식

사계의 3대 원조,
12개월 할부도 가능!

'봄 탄다', '가을 탄다'.

우리는 계절이 바뀔 때마다 종종 '계절 탄다'는 말을 합니다. 우리 몸과 마음이 계절이나 기후, 날씨의 영향을 쉽게 받는다는 소리입니다. 계절이 바뀌면 주변 환경들도 변하고, 온도도 변하고, 옷도 바뀌고, 음식도 변하죠. 그런 것들이 우리의 몸뿐만 아니라 감성과 감정을 많이 자극하는 것 같습니다. 감수성이 더욱 풍부한 음악가들에게 계절의 변화는 영감을 주는 소재가 되었고 수많은 작품들이 탄생했습니다.

봄, 여름, 가을, 겨울, 4계절은 누가 봐도 아주 뚜렷한 특징들이 있죠. 따뜻하고 새 생명이 피어나는 봄날, 무더운 여름과 장마, 울긋불긋 물들다 떨어지는 낙엽의 가을, 추운 겨울과 하얀 눈 등. 음악으로 표현되는 선율도 그 특징이 확연하게 느껴집니다. 더욱이 사계절을 뚜렷하게 느낄 수 있는 우리나라에서는 〈사계〉를 더욱 재미있게 들을 수 있지 않을까요?

지역마다 3대 맛집이 있듯, 클래식 음악 안에서도 3대 사계 맛집(?)이 있답니다. 클래식 음악에 관심이 없어도 이미 많이 알고 있는 '비발디의 사계', 최근 인기 절정인 '피아졸라의 사계' 그리고 열두 달로 들어 볼 수 있는 '차이코프스키의 사계'입니다. 이 3대 사계만 알아도 '클래식 음악 좀 안다'고 할 수 있겠습니다.

사계의 원조, 비발디의 〈사계〉

비발디의 사계는 명실공히 우리나라 교통 안내 방송 클래식 부분 1위라고 해도 과언이 아닙니다. 서울교통공사 5호선~8호선 안내 방송, 부산교통공사 상행, 광주광역시 도시철도공사 상행, 대전교통공사 하행 때 안내 방송 또는 진입 음악, 인천국제공항 비행기 출발 시 안내 등의 알림 음악으로 사용되었습니다. 거기에 기본으로 제공되는 핸드폰 통화 연결음이나 광고음악, 가요 등에 샘플링도 참 많이 된 곡이지요. 일상에서 만나는 클래식 중 비발디의 〈사계〉보다 더 익숙하고 유명한 클래식 명곡이 있을까 싶습니다.

바로크 시대의 이탈리아 작곡가 안토니오 비발디가 1725년에 작곡한 〈사계(Le quattro stagioni)〉라는 바이올린 협주곡으로, 사계절을 묘사한 네 곡에 각각 '봄', '여름', '가을', '겨울'이라는 제목을 붙인 곡입니다. 바이올린 협주곡은 바이올린 한 대의 독주 악기와 오케스트라와 통주저음이 반주가 되는 형태이지요. 바로크 시대 작품들의 특징은 대개 통주저음(basso continuo)이 반주 악기로 꼭 들어가는데, 보통은 하프시코드가 통주저음 악기로 사용되고 있습니다. 각 곡들은 3악장으로 되어 있어 총 12개의 악장이며 빠른 악장-느린 악장-빠른 악장의 구성으로 되어 있습니다.

3. 가을(Autumn, L'autunno) - Op. 8, No. 3

 • I. Allegro: 빠르게, 활기찬

 • II. Adagio molto: 아주 느리게

 • III. Allegro - 빠르게, 활기찬

4. 겨울(Winter, L'inverno) - Op. 8, No. 4

 • I. Allegro non molto - 그리 빠르지 않게, 활기찬

 • II. Largo - 느리게, 넓게

 • III. Allegro - 활기찬

비발디의 〈사계〉는 계절의 변화와 특징을 음악으로 잘 살려 표현하였습니다. 음악을 들으면 정말 그 계절 날씨, 주변환경, 온도 등이 느껴지는 것만 같습니다. 비발디는 악보를 출판할 당시 각 계절마다 소네트를 붙였습니다. 소네트(Sonnet)는 14줄로 이루어진 시의 한 형식을 가리키는 문학 용어로 보통 10음절의 엄격한 리듬과 특정한 라인 패턴을 따르는 시라고 생각하면 됩니다. 〈사계〉의 소네트는 비발디가 직접 썼는지, 어떠한 문학 작품에서 따왔는지, 작가가 누구인지는 밝혀지지 않았지만 가사가 없는 이 곡에 대한 표현을 잘해 주고 있습니다. 소네트의 번역은 다음과 같습니다.

〈봄〉

제1악장. 따뜻한 봄이 왔다. 새들은 즐겁게 아침을 노래하고 시냇물은 부드럽게 속삭이며 흐른다. 갑자기 하늘에 검은 구름이 몰려와 번개가 소란을 피운다. 어느덧 구름은 걷히고 다시 아늑한 봄의 분위기 속에 노래가 시작된다.

제2악장. 파란 목장에는 따뜻한 봄볕을 받으며 목동들이 졸고 있다. 한가하고 나른한 풍경이다.

제3악장. 아름다운 물의 요정이 나타나 양치기가 부르는 피리 소리에 맞춰 해맑은 봄 하늘 아래에서 즐겁게 춤춘다.

〈여름〉

제1악장. 뜨거운 여름이 다가오면 타는 듯 뜨거운 태양 아래 사람도 양도 모두 지쳐 버린다. 느닷없이 북풍이 휘몰아치고 둘레는 불안에 휩싸인다.

제2악장. 요란한 더위에 겁을 먹은 양치기들은 어쩔 줄 모르며 시원한 옷을 입으면서 따뜻한 음식을 먹는다.

제3악장. 하늘을 두 쪽으로 가르는 무서운 번갯불. 그 뒤를 우레소리가 따르면 우박이 쏟아진다. 잘 익어 가는 곡식이 회초리를 맞은 듯 쓰러진다.

〈가을〉

제1악장. 농부들이 풍성한 수확의 기쁨을 나누며 술과 춤 잔치를 벌인다.

제2악장. 노래와 춤이 끝난 뒤 시원한 가을밤이 찾아들어 마을사람은 느긋한 마음으로 잠자리에 든다.

제3악장. 이윽고 동이 트면 사냥꾼들이 엽총과 뿔피리를 들고 개를 거느린 채 사냥을 떠나 짐승을 뒤쫓는다.

〈겨울〉

제1악장. 얼어붙을 듯이 차가운 겨울. 산과 들은 눈으로 뒤덮이고 바람은 나뭇가지를 잡아 흔든다. 이빨이 딱딱 부딪힐 정도로 추위가 극심하며 따뜻한 옷을 입고 시원한 음식을 먹는다.

제2악장. 그러나 집 안의 난롯가는 아늑하고 평화로운 분위기로 가득 차 있다. 밖에는 차가운 비가 내리고 있다.

제3악장. 꽁꽁 얼어붙은 길을 조심스레 걸어간다. 미끄러지면 다시 일어나 걸어간다. 바람이 제멋대로 휘젓고 다니는 소리를 듣는다. 이것이 겨울이다. 그렇지만 겨울은 기쁨을 실어다 준다.

비발디의 〈사계〉는 봄, 여름, 가을, 겨울 사계절의 분위기와 변화를 누구나 공감할 수 있도록 표현된 음악이며, 솔로 악기인 바이올린이 소네트를 이야기하는 스토리텔러의 느낌을 줍니다. 계절의 변화를 사람을 중심으로 표현했다는 것도 특징입니다. 따뜻한 봄은 인간에게 편안함을 주고 여름의 폭풍우나 추운 겨울은 위협적이기도 하고요, 가을은 풍성한 수확을 주고 시원함을 그리기도 합니다. 각 계절의 모습들이 어떻게 그려지는지 상상하며 들어 보시면 좋겠습니다.

추천 음악 영상 QR코드

인기 만점, 피아졸라의 〈부에노스아이레스의 사계〉

최근 몇 년간 클래식 음악가들의 독주회, 클래식 연주회 레퍼토리의 트렌드를 살펴보면 아스토르 피아졸라Astor Piazzolla, 1921년 3월 11일~1992년 7월 4일의 곡이 매우 많습니다. 정식 프로그램에 있지 않으면 앵콜곡으로라도 연주할 만큼 인기가 있죠. 1900년대에 태어나 활동했던 피아졸라는 우리 시대와도 가까운 음악가이며 탱고와 재즈를 클래식에 적절하게 접목시켜 대중적인 음악 활동을 했기 때문입니다. 무엇보다도 피아졸라는 김연아

선수의 소치올림픽(2014) 프리스케이팅 음악에 〈아디오스 노니노(Adios Nonino)〉라는 곡이 사용되어 우리 대중에게 이름을 알린 작곡가가 되었습니다.

피아졸라의 곡들이 정통 클래식이라고 할 수는 없지만 소개해 드리는 이유는 클래식과 재즈를 접목시켜 춤곡이었던 탱고음악을 순수 음악 감상용으로 발전시킨 '누에보탱고'의 창시자라는 특이한 이력에 있습니다. 피아졸라는 탱고의 고장 아르헨티나 부에노스아이레스에서 출생했지만 뉴욕에서 살기도 했고, 프랑스에서 클래식을 공부하였습니다. 탱고를 추는 장면으로 유명한 영화 〈여인의 향기〉를 아실 것입니다. 그 유명한 메인 테마 OST를 작곡했던 탱고의 황제 '카를로스 가르델'도 피아졸라의 반도네온 연주를 인정해 무려 13살이라는 어린 나이에 그의 음악 작업에 참여시킬 정도로 재능이 있었던 반도네온 연주자이기도 했습니다.

반면 피아졸라는 반도네온을 들고 다니는 자신을 창피하게 생각할 정도로 젊은 시절엔 탱고에 관심이 없었다고 합니다. 오로지 생계를 위해 탱고를 연주했던 클래식 음악 학도였는데요. 탱고 연주자가 아닌 멋진 클래식 연주자가 되고 싶어 했죠. 패기가 넘쳤던 젊은 청년 피아졸라는 당시 아르헨티나를 방문했던 대가 피아니스트 아르트루 루빈스타인을 찾아가 자신이 작곡한 곡을 보여 주었습니다. 루빈스타인은 피아졸라의 재능을 알아보고 부족한 부분을 보충해 줄 아르헨티나 작곡가 알베르토 히나스테라를 소개해 작곡과 이론을 배우게 합니다. 그 후 피아졸라는 '파비엔 세피츠키 작곡 콩쿠르'에서 우승하며 부상으로 파리음악원의 프랑스 작곡가 나디아 불랑제에게 사사를 합니다. 이때 우승작이 바로 이 〈부에노스아이레스의 사계〉였습니다.

파리음악원으로 간 피아졸라는 불랑제 교수에게 "실력은 인정하지만 감정이 없다"는 지적을 받습니다. 그때 피아졸라는 숨기고 싶었던 자신의 탱고 음악을 한번 선보였고 불랑제는 그때서야 "바로 이거다!"라고 외쳤습니다. '너의 조국인 아르헨티나의 문화 속에서 피아졸라다운 악상을 찾으라'는 조언을 받아들인 덕분에 피아졸라는 탱고 음악의 가능성을 열었습니다. 클래식과 재즈를 접목시킨 새로운 탱고 음악이 탄생한 것입니다.

피아졸라의 〈사계〉와 비발디의 〈사계〉가 연관이 있을까 궁금하신 분도 있으실 것입니다. 피아졸라의 〈사계〉는 비발디의 〈사계〉 200년 후에 작곡된 곡인데요, 피아졸라의 〈사계〉는 정확히는 〈부에노스아이레스의 사계〉로 고향 부에노스 아이레스 항구의 사계절을 표현한 곡입니다. 아무래도 클래식 음악의 대표 사계 곡인 비발디의 〈사계〉를 의식하지 않고 작곡하기란 힘들었겠지요. 많이 들어 보았을 것이고 작곡하며 자연스럽게 녹아들 수밖에 없었을 것입니다. 실제로 비발디의 〈사계〉는 피아졸라의 〈사계〉 작품 곳곳에 숨겨져 있어서 가끔 낯익은 선율들이 나옵니다. 현대에 와서 편곡자들에 의해 비발디의 〈사계〉가 더 드러나게 편곡된 경우도 많고요. 차이점은 피아졸라의 〈사계〉는 비발디의 〈사계〉와는 다르게 처음부터 모음곡으로 작곡되지 않았다는 것입니다. 각기 다른 시기에 작곡된 독자적인 작품들이고, 봄-여름-가을-겨울 순이 아니라, 여름-가을-겨울-봄 순으로 봄을 제일 마지막에 작곡했다는 점입니다.

피아졸라는 자신의 악단을 만들어 활동했으나 늘 잘되지만은 않았습니다. 자꾸만 새로운 것을 하다 보니 기성 탱고 음악계에 충격을 주어 아르헨티나에서 벗어나 미국 뉴욕에서 활동하기도 했습니다. 후에 우여곡절이 있었지만 여러 형태의 실내악단과 밴드를 결성해 활동했던 피아졸라의 녹화, 녹음물들이 남아 있습니다. 피아졸라가 직접 연주하고 활동했던 오리지널 음악이 남아 있다는 사실은 아주 설레는 부분입니다. 피아졸라의 음악이 인기를 끌며 많은 클래식 앙상블들이 연주했기 때문에 완전한 클래식 버전들도 많아서 오리지널과 클래식 버전을 번갈아 들어 보는 것도 재미있을 것입니다.

추천 음악 영상 QR코드 

12개월(할부)로 듣는, 차이코프스키의 〈사계〉

많은 음악가들이 '어딘가'에 영감을 받아 창작 활동을 하지만 보통 일이 빨리 진행되려면 '뭔가(something)' 필요합니다. 음악가들은 평소에 좋은 멜로디가 떠오를 때 메모해 두거나 계획을 하고 작업을 합니다. 조금 현실적으로 보면 언제까지 꼭 해야 하는 데드라인이 있는 작업이라든지, 어마어마한 곡비를 받게 되는 경우에 아주 빠르게 진행되기도 하죠. 차이코프스키 역시 발표할 곳이 있어 촉진제가 되었을 것입니다. 잡지에 싣는 조건으로 상당한 액수의 작곡료를 받게 되었거든요.

비발디의 〈사계〉는 음악 교과서에도 나오고, 자주 듣는 곡이죠. 피아졸라의 〈사계〉는 최근 인기가 급부상하고 있어 어느 정도 아실 수 있고요. 그런데 차이코프스키의 〈사계〉는 아마 처음 들어 보는 분들도 많을 것 같습니다. 차이코프스키는 특이하게도 사계절을 열두 달로 나눠서 총 12곡의 사계를 작곡했습니다. 러시아의 사계, 러시아의 시를 소재로 구성된 아름다운 피아노 소품들입니다.

차이코프스키

러시아의 작곡가이자 지휘자 표트르 일리치 차이코프스키Piotr Ilyitch Tchaikovsky, 1840년 5월 7일 ~1893년 11월 6일는 러시아 음악을 클래식 음악과 결합시켜 민족적인 예술 음악을 창조한 국민 음악의 거장으로 인정받고 있습니다. 클래식 음악사에서도 매우 중요한 인물이지만 러시아에서는 러시아 문화를 상징하는 예술가지요. 러시아의 고전음악을 완성시켰다는 평가를 받고 있고 러시아를 대표하는 발레 음악에서도 걸작들을 남겼습니다.

〈사계〉 작곡을 하게 될 당시에 그는 모스크바 음악원의 교수로 재직 중이었습니다. 어느 날 상트페테르부르크에서 발행하는 음악잡지 《누벨리스트(Nouvellist)》의 발행인이자 편집장이었던 '니콜라이 베르나르드'로부터 아주 매력적인 제안을 받게 됩니다. 1월부터 12월까지 그 달에 어울리는 시를 소재로 매달 창작 피아노 소품 한 곡을 부록으로 싣고 싶다는 것이었죠.

여러 가지 면에서 이 프로젝트는 차이코프스키의 구미를 당길 만한 제안이었습니다. 차이코프스키가 베르나르드에게 보낸 서신에는, '많은 작곡료를 주겠다는 배려에 감사하다. 열과 성을 다해 출판업자의 요구대로 작곡을 하겠다'는 내용이 있었습니다. 차이코프스키는 굉장히 의욕적으로 곡 작업에 들어갔고 12월에 〈1월 화롯가에서〉, 〈2월 사육제〉 두 곡을 완성해 잡지사에 우편으로 보냈습니다.

차이코프스키의 〈사계〉는 1월부터 12월까지의 각각의 계절 감을 그려 내고 있습니다. 편집장인 베르나르드가 선정한 러시아 시를 소재로 하고 있기 때문에 시가 가진 정서와 분위기를 적절하게 반영하고 있고 그만큼 시적인 작품이죠. '1번 곡은 1월', '2번 곡은 2월'과 같이 생각하면 되는데요. 각 곡에는 제목이 있습니다. '1월 화롯가에서, 2월 사육제, 3월 종달새의 노래, 4월 아네모네, 5월 백야, 6월 뱃노래, 7월 수확의 노래, 8월 추수, 9월 사냥, 10월 가을의 노래, 11월 삼두마차, 12월 크리스마스'라는 제목들을 가진 피아노 소품입니다. 각 곡은 4분 내외의 길이죠.

다음은 차이코프스키의 작품과 함께 잡지에 실렸던 시의 구절입니다. 음악과 함께 읽어 보면 감상에 더욱 도움이 되겠지요?

1월 화롯가에서(Au coin du feu)
더없이 행복한 시간 한편에서 / 밤은 여명으로 옷을 갈
아입네 / 작은 불씨 벽난로에서 타들어 가고 / 양초는
모두 타 버렸네 – 알렉산드르 푸시킨

2월 사육제(Carnaval)

활기 넘치는 참회의 화요일 / 머지않아 큰 축제가 벌어

지리니 - 표트르 비야젬스키

3월 종달새의 노래(Chant de l'alouette)

꽃들이 흐드러진 들판 / 하늘에는 별들이 소용돌이치고,

/ 종달새 노랫소리 푸른 심연을 채우네 - 아폴론 마이코프

4월 아네모네(Perce-neige)

푸르고 순결한 아네모네-꽃, / 아마도 마지막이리 / 지

나간 고통 위로 떨구는 마지막 눈물방울들 / 그리고 또

다른 행복을 향한 첫 희망 - A. 마이코프

5월 백야(Les nuits de mai)

밤이도다! / 세상천지에 축복을! / 내 고향 북쪽 나라를

떠올린다 / 얼음의 왕국으로부터 / 몰아치는 눈보라와 눈

송이들, / 5월은 얼마나 상쾌하고 산뜻하게 날아드는가!

- 아파나시 페트

6월 뱃노래(Barcarolle)

바다로 가자 / 신비로운 슬픔을 머금은 파도가 / 우리의 다리에 키스를 보낸다 / 별들이 우리 머리 위에서 반짝인다 - 알렉세이 플레시에프

7월 수확의 노래(Chant du faucheur)

어깨를 들썩이고, / 팔을 흔들어라! / 한낮의 바람이 얼굴을 감싼다! - 알렉세이 콜트소프

8월 추수(La moisson)

곡식은 모두 익고, / 식구들은 다 자란 호밀을 베어 낸다! / 낟가리를 한데 모아 / 한 짐 가득 실은 마차의 노랫소리, 밤새 끊이질 않네 - 알렉세이 콜트소프

9월 사냥(La chasse)

시간이 됐다! / 뿔나팔 소리 드높도다! / 사냥복을 입은 사냥꾼들, 말을 몰아 달린다 / 이른 새벽 민첩하게 뛰어다닌다 - 알렉산드르 푸시킨, 그라프 눌린

10월 가을의 노래(Chant d'automne)

가을, 가련한 난초 위로 내려앉고, / 낙엽은 바람에 흩날
린다 - 알렉세이 니콜라예비치 톨스토이

11월 삼두마차(Troïka)

외로울 땐 길을 돌아보지 마라, / 삼두마차를 따라 달려
나가지도 마라 / 곧장 마음을 억누르면 열망의 두려움
이 마음속에 영원하리니 - 니콜라이 네크라소프

12월 크리스마스(Noël)

옛날 어느 크리스마스 밤 소녀들이 운명을 점치고 있었
네 / 슬리퍼를 벗어 들고 문을 향해 던졌다네 - 코르네
프 주코프스키

추천 음악 영상 QR코드 

들리나요? 봄이 오는 소리

봄은 새로운 시작을 알리는 계절입니다. 추위에 웅크렸던 마음도 새싹이 움트는 봄을 기다리게 됩니다. 형형색색의 생명들이 아름답게 피어납니다.

봄의 신선하고 향기로운 느낌을 가득 담아서인지 봄의 소리는 참 밝고 아름답습니다. 각기 다른 시대의, 다른 나라의, 다른 작곡가의, 다른 음악들이지만 봄의 음악들이 주는 느낌은 참 많이 닮았습니다. 앞서 소개했던 〈사계〉들 외의 봄의 소리는 어땠는지 함께 들어 볼까요?

* 멘델스존의 〈봄의 노래〉도 대표적인 봄 음악이라 다시 찾아 들어 봐도 좋겠습니다. (GATE A의 Talk-Talk 1)

내 인생의 봄날에, 〈봄 교향곡〉

자신의 스승이자 장인 될 분에게 '딸을 달라'고 법정 소송까지 갔던 거침없는 한 남자! 음악사에서는 가장 위대한 낭만주의 작곡가로 불렸던 슈만의 인생 봄날에 쓰인 교향곡 이야기를 해 보려고 합니다. 로베르트 알렉산더 슈만Robert Alexander Schumann, 1810년 12월 31일~1856년 6월 30일은 독일 태생의 작곡가로 어릴 때부터 음악적인 재능을 보였지만 일찍이 아버지를 여의고 어머니의 바람대로 법대를 들어갑니다. 그러나 음악에 대한 꿈을 버리지 못하고 스무 살이 되어서야 다시 음악에 길에 서게 되며 작곡과 피아노를 전문적으로 배우기 시작합니다. 그중 피아노는 훗날 장인어른이 될 '프리드리히 비크'에게 배우죠. 그런 인연으로 슈만은 선생님의 딸 '클라라'를 사랑하게 됩니다.

클라라

클라라 조제핀 비크 슈만Clara Josephine Wieck Schumann, 1819년 9월 13일~1896년 5월 20일은 아버지 비크를 이어 어린 나이부터 피아노를 시작하여 9세 때 라이프치히의 게반트하우스에서 데뷔하였고, 유럽 전역에서 유명했던 피아니스트이자 작곡가였습니다. 지금은 슈만의 아내로 더 많이  알려져 있지만 당시에는 슈만보다 클라라가 더 유명했다고 합니다. 슈만의 큰 조력자이자 음악적 동지였으며 1856년 남편 슈만이 죽은 뒤에도 연주 여행을 계속하여 "리스트에 비견하는 명연주가"라는 평가를 받았습니다.

슈만은 과도한 피아노 연습으로 손가락을 다친 후로는 작곡에 본격적으로 열성을 기울였습니다. 초창기 피아노 곡으로 시작해 백여 곡의 가곡을 비롯하여 다양한 곡들을 작곡하게 됩니다. 슈만과 클라라는 열렬하게 사랑했지만 스승 비크는 점점 더 유명해지고 재능이 넘쳐나는 딸이 무척이나 아까웠고, 슈만은 생활이 불안정한 음악가라는 이유로 계속해서 이 둘의 사이를 반대합니다. 비크는 두 사람을 떨어뜨려 놓으려 갖은 노력을 했죠. 불같은 성격이었던 슈만은 법원에 소송까지 걸어 결국 결혼 허가를 받아 냅니다. 슈만이 30세가 되어서야 마침내 부부가 되었지요. 염원과 같았던 결혼이 성사된 이듬해 슈만이 작곡한 작품이 바로 '봄'이라는 제목의 〈교향곡 1번〉입니다.

슈만은 평생 총 4곡의 교향곡을 작곡했는데 이 곡은 슈만이 작곡한 첫 번째 교향곡이자 오랜 반대를 딛고 결혼해 1년 차 아름다운 신혼 때 만든 곡이기도 합니다. 자신의 인생에서 봄이 실현된 시기에 만든 음악이지요. 이 교향곡이 '봄'이라는 이름을 얻은 것은 슈만의 네 개의 교향곡 중 첫 번째라는 점에서 '봄'을 상징하기도 하고, 슈만 인생에 있어 사랑의 결실을 이룬 봄날을 말하기 때문일 것입니다.

추천 음악 영상 QR코드 

봄의 소리 왈츠

클래식 음악의 본고장이라고 불리는 오스트리아 빈 시내의 주요 관광지에 가면 어디를 가나 들리는 음악이 있습니다. '쿵짝 짝, 쿵짝짝' 리듬의 '왈츠(Waltz)'인데요. 4분의 3박자의 경쾌한 춤곡으로, 풍성하고 멋지게 차려 입은 남녀가 원을 그리며 추는 춤을 떠올리게 합니다. 그 대부분은 오스트리아의 자랑이자 '왈츠의 왕'이라 불리는 요한 슈트라우스 2세Johann Strauß II, 1825년 10월 25일~1899년 6월 3일의 음악들입니다.

조금 더 알고 가기 Note

요한 스트라우스 2세

요한 슈트라우스 '2세'라는 이름에서 알 수 있듯 이 슈트라우스는 요한 슈트라우스 1세의 장남 이자 유명 음악가 집안 슈트라우스가의 음악가 였습니다. 아버지 슈트라우스 1세도 오스트리 아의 작곡가이자 지휘자였고 바이올린 연주자 로도 유명했습니다. 그러나 아버지는 아들이 음 악하는 것을 엄청나게 반대했다고 합니다. 폭력을 휘두를 만큼 극성스럽 게 반대했지요. 그래서 아버지 몰래 피아노와 바이올린을 배우며 공부를 했고 숨길 수 없는 재능을 가지고 멋진 곡들을 작곡했으며 악단도 만들어 슈트라우스는 '왈츠의 왕'이라는 수식어답게 수많은 왈츠 곡을 작곡했을 뿐 아니라 춤을 위한 왈츠 음악을 독자적인 양식으로 연주회용 음악으로 끌어올린 업적을 남겼습니다. 슈트라우스의 수많은 왈츠들이 있지만 그중에서도 봄의 아름다움을 노래한 〈봄의 소리〉라는 왈츠는 무도회장용 왈츠가 아닌 감상용으로 예술성이 높은 왈츠였습니다.

당시 슈트라우스는 공연 때문에 헝가리 부다페스트에 머물며 피아니스트이자 작곡가 프란츠 리스트를 만나게 되는데요. 만찬회장에서 리스트와 여러 연주자들과 함께 피아노를 치면서 시간을 보냈습니다. 그때 슈트라우스가 즉흥적으로 왈츠를 만들어 들려주었던 데서 〈봄의 소리〉 왈츠가 시작되었다고 합니다.

〈봄의 소리〉 왈츠를 작곡할 당시 슈트라우스는 50대 후반, 환갑을 앞둔 나이었는데 자신보다 31살이나 어린 아델레 도이치

(Adele Deutsch)와 열애 중이었습니다. 그래서인지 나이에 비해 젊은 감각이 두드러지며 행복하고 아름다운 선율이 이 곡에 가득한 것 같습니다. 이 작품의 초연에서는 슈트라우스의 친구가 붙인 가사를 바탕으로 비앙카 비앙키(Bianca Bianchi)라는 무대명을 가진 비엔나 최고의 콜로라투라 소프라노 가수였던 베르타 슈바르츠Bertha Schwartz, 1855~1947가 노래를 해 관현악 버전과 소프라노 노래가 있는 버전, 두 가지 형태로 연주되기도 합니다. 노래가 있는 버전의 가사를 살펴보면 봄이 주는 온화함과 행복에 대한 기대를 담고 있습니다.

추천 음악 영상 QR코드 – 연주 버전 

추천 음악 영상 QR코드 – 노래 버전 

혁신적인 봄의 제전!

관객들이 폭동을 일으켰던 희대의 초연! 클래식 역사상 꽤나 충격적이며 한바탕 스캔들로 기록되었던 발레 공연이 있었습니다. 그 요란했던 현장은 바로 1913년 5월 29일 파리의 샹젤리제 극장!

작곡가 이고르 표도로비치 스트라빈스키Igor Fyodorovich Stravinsky,

는 신비롭고 혁신적인 발레 음악 작품들 〈불새〉, 〈페트로슈카〉를 연달아 발표하며 관객들의 기대를 높였습니다. 초연 당일 기대가 컸던 관객들은 공연장을 가득 메웠습니다.

그러나 서주가 시작되면서부터 관객들은 웅성거리기 시작했습니다. 저음악기인 바순이 아주 높은 음역에서 괴상한 음색의 솔로를 연주하더니, 무용수들이 나와서 요상한 안무로 춤을 추는 게 아닙니까? 거기다 여러 가지 목관 악기들이 합류해 복잡한 화음까지 만들어 소리를 내어 버리니 관객들은 쑥덕거렸죠. 몇몇 관객들은 일어나 대놓고 비난을 하기 시작했습니다. 그런데도 공연은 계속되었고 야유하는 관객들에게 조용히 하라고 짜증을 내는 관객들과 심지어 서로 멱살잡이까지! 이 공연을 연출했던 디아길레프는 진정하라고 조명을 더욱 깜빡깜빡 켭니다. 그러자 관객들은 더 흥분하여 공연장은 말 그대로 아수라장이 되었습니다. 이런 상황 속에서도 지휘자와 오케스트라는 아랑곳하지 않고 계속해서 연주를 했고 난동에 가까운 관객들의 소리 때문에 음악 소리가 잘 들리지 않아 무용수들은 안무가가 입으로 '하나, 둘, 셋' 세는 박자를 들으며 공연을 끝까지 진행했습니다. 결국 경찰까지 출동한 상태에서도 이 공연은 중단하지 않고 끝까지 마무리되었습니다.

1913년 〈봄의 제전〉 초연 당시

　사실 이것은 연출자 디아길레프의 노이즈 마케팅이었던 것 같습니다. 난장판이었던 첫 공연이 끝난 뒤 디아길레프는 작곡가 스트라빈스키와 안무가 니진스키에게 "이게 바로 내가 원했던 거야"라고 말했던 것이죠. 아니나 다를까 다음 날 파리의 신문과 방송은 이 작품 〈봄의 제전〉에 대한 이야기를 대서특필했습니다. 어디를 가나 사람들은 〈봄의 제전〉 이야기를 도마에 올렸고, 사람들의 찬사와 비난, 엇갈린 비평으로 공연을 보지 못한 사람들의 궁금증을 잔뜩 자아냈지요. '이 이상한 공연을 중단하라'는 협박 투서들까지 있었음에도 오히려 관심을 잔뜩 받게 되어 예정되었던 나머지 5일의 공연은 그대로 진행되었습니다. 소문을 듣고 일부러 찾아온 관객들과 지지자들에게는 오히려 열렬한 호응을 얻게 됩니다. 이후 이 공연은 유럽 각지와 미국에서도 공연을 하게 되었고, 어디를 가도 엇갈린 평가가 있었습니다. 하지만 이러한 이슈는 오히려 흥행에 일조했지요.

사실 〈봄의 제전〉이 논란이 되었던 것은 음악 때문이라기보다는 기존 '발레 공연'에 대한 통념을 뒤엎은 파격적인 안무와 연출 등 때문이었습니다. 이 음악을 만들었던 작곡가인 스트라빈스키는 당시 자신의 음악을 이해하지 못했던 안무가와 연출가에게 화가 단단히 났습니다. 온갖 스캔들로 얽힌 공연 때문에 음악 작품은 제대로 봐줄 수 없었던 점에 남은 공연은 참석도 하지 않았습니다. 그로부터 1년이 지나고 나서야 스트라빈스키는 발레 공연 없이 콘서트 형식으로 〈봄의 제전〉을 다시 무대에 올리게 됩니다. 스트라빈스키는 드디어 만족스러운 공연을 올리게 되었고 그제서야 제대로 된 음악적 평가를 받게 됩니다.

〈봄의 제전〉은 봄의 신에게 산 제물을 바치는 의식을 소재로 하고 있습니다. 스트라빈스키는 어느 날 꿈속에서 보았던 이교도들의 엄숙한 제전을 무대 음악으로 만들고자 했습니다. 그 제전의 배경은 원시적이었고 봄의 신을 예찬하기 위해 어린 소녀를 산 제물로 바치는 의식에서 이교도들이 춤을 추는 모습이었습니다. 스트라빈스키는 자신의 꿈을 원시시대 유적이나 유물에 관심이 많았던 로에리치라는 작가에게 이야기하게 되었고 이를 바탕으로 대본을 만든 것입니다. 스트라빈스키의 전작인 두 발레 작품 〈불새〉, 〈페트로슈카〉에서 호흡을 맞추었던 디아길레프의 발레단인 '발레 뤼스'가 함께하며 이 대본으로 발레 음악을 만들어 〈봄의 제전〉이 탄생하게 되었던 것입니다.

이 작품의 탄생 초반에는 아름다움과 조화를 추구했던 클래식 음악가들이 계속해서 이를 비난했습니다. 기존의 화성 체계를 무시한 불협화음과 같은 음들과 복잡하고 강렬한 음향, 끊임없이 바뀌는 박자와 기괴한 리듬 등 때문이었죠. 하지만 시간이 흐름에 따라 사람들이 고도의 예술성을 점점 발견하며 비난은 찬사로 변해 갔습니다.

〈봄의 제전〉 초연 이듬해인 1914년에 발발한 제1차 세계대전 이후에는 〈봄의 제전〉보다 더 실험적이고 복잡한 음악들이 많이 나오게 되었습니다. 그렇게 되자 스트라빈스키의 음악은 오히려 새로운 음악적 경향을 개척했다는 찬사를 받으며 20세기 음악 중 영향력 있는 걸작으로 평가받고 있습니다. 봄날의 아름답기만 한 곡은 아니지만 꼭 한번 들어 보시기를 추천합니다.

추천 음악 영상 QR코드

한여름 밤의 꿈

내리쬐는 뜨거운 볕에 바람 한 움큼이 소중해지는 무더운 여름입니다. 바다 수영, 서핑, 수상스키 등의 물놀이가 있어 신나고 좋아하는 분도 계시겠지만 기운이 빠지기도 하고 더욱 빨리 지치는 계절입니다. 특히나 열대야가 지속되면 숙면을 취하기가 어렵습니다. 뒤숭숭한 꿈들을 꾸기도 하지요. 그럴 때는 클래식한 여름밤의 꿈속으로 떠나 보면 어떨까요?

셰익스피어 고전도 음악으로

스마트폰을 사용하면서 혹시 독서 시간이 점점 줄지 않았나요? 웹툰, 웹소설, 쇼츠나 인터넷 기사 등 미디어를 통해 콘텐츠를 접하신다고요? 세상이 너무나 빠르게 흘러가고, 계속 울려 대는 메신저 때문에 온전히 집중해서 책 한 권 읽기가 참 힘들죠. (그런데도 이 책을 읽고 있는 당신을 매우 칭찬합니다! 감사합니다!)

생활이 이러하니 고전 읽기는 더 쉽지 않습니다. 고전은 학창 시절 시험을 보려고 어쩔 수 없이 한 번은 들여다보았을 것입니다. 세계 최고의 극작가 윌리엄 셰익스피어William Shakespeare, 1564년 4월 26일~1616년 4월 23일를 기억하시나요? 대표작으로 〈로미오와 줄리엣〉, 〈베니스의 상인〉, 〈햄릿〉, 〈맥베스〉 등의 작품이 있고, 오늘 함께할 〈한여름 밤의 꿈(A Midsummer Night's Dream)〉도 있지요.

콜센터 대기음으로 소개했던 〈무언가〉집 중 〈봄의 노래〉의 멘델스존을 다시 소환해 봅니다. 17세의 멘델스존은 당시 독일에서 갓 출판된 셰익스피어의 희곡 〈한여름 밤의 꿈〉 번역본을 읽고 완전히 사로잡혀 버립니다. 이 내용을 간단히 요약하면 요정의 숲에서 사각관계의 남녀가 등장하고, 사랑이 계속 엇갈리다 요정의 왕 오베론이 두 커플의 사랑을 제대로 맺어 주며 행복한 결말에 이른다는 내용입니다. '미드서머 나이트(Midsummer Night)'는 6월 24일 하지인 성 요한제의 바로 전날 밤을 가리킨다고 합니다. 서양에서는 그 밤에 기괴한 일들이 많이 생긴다는 미신이 전해집니다. 그래서 요정도 나오고 뭔가 환상적이기도 하며 꿈과도 같은 극을 만들었던 것이죠.

멘델스존은 이 환상적인 작품에 영감을 받아 바로 서곡을 작곡합니다. 그로부터 16년 후 프로이센 왕 프리드리히 빌헬름 4세가 멘델스존에게 〈한여름 밤의 꿈〉 연극을 위한 음악을 의뢰

합니다. 멘델스존은 17세 때 썼던 서곡과 더불어 추가로 12개의 부수음악을 만들어 총 13곡의 극 음악을 만들게 되었어요. 신비롭고 환상적인 분위기에 서곡과 함께 각 곡들이 극의 분위기를 잘 나타내 줍니다.

이 작품 전체는 연극에 사용하기 위해 만들었지만 연주회용으로 연주되기도 하는데요, 연극이 5막인 것처럼 연주회에서도 서곡, 스케르초, 간주곡, 녹턴, 결혼행진곡 5곡으로 자주 연주되곤 합니다.

13곡 모두 연극과 함께 보며 들으면 제일 좋겠지만 이 중 추천 음악 한 곡을 꼽으라면 연극 기준 총 5막 중에서 2막이 끝나고 연주되는 간주곡, 인터메르조 부분입니다. 꿈에서 깨어난 주인공, 헤르미아가 라이산더가 보이지 않자 그를 찾아서 숲속을 헤매는 장면이에요. 헤르미아가 요정의 마법 때문에 홀로 버려져 요정의 숲에서 조급하고 초조하게 이곳저곳을 떠돌아 다니는 듯한 모습을 표현한 신비롭고 몽환적인 사운드가 정말 매력적입니다.

3분 정도의 길지 않은 곡이니 함께 즐기며 셰익스피어의 〈한여름 밤의 꿈〉을 떠올려 보시면 좋을 것 같습니다.

추천 음악 영상 QR코드 

장마철 빗방울도 음악

비 내리는 소리를 들으면 어떤 느낌이 드나요?

분위기도 그렇고 기분이나 기운도 그렇고 평소와는 좀 다른 무드 때문인지 비에 대한 음악도 참 많습니다. 특히나 청각이 예민한 음악가들은 비 내리는 소리마저도 음악으로 들을 수 있습니다. 안타까운 사연과 함께 쇼팽이 장마철에 만든 〈빗방울 전주곡〉을 소개합니다.

사연이란 쇼팽의 러브 스토리입니다. 당시 쇼팽의 연인은 6살 연상의 프랑스 소설가 조르주 상드였습니다. 유명한 작가였고 외향적으로 거침없고 터프하고, 몸집도 큰 여인으로 알려져 있습니다. 26세의 쇼팽이 파리에서 처음 연주회를 열었을 때 만나게 되었죠. 쇼팽은 굉장히 보수적이고 허약했어요. 상드는 결혼 전력도 있고 아이도 있었지만, 쇼팽에게 큰 격려를 주고 심적으로 의지가 되었다고 합니다. 상드와 함께했던 시기는 쇼팽이 아주 활발하게 활동했던 시기였습니다.

그러던 중 쇼팽은 폐결핵에 걸려 건강이 점점 악화됩니다. 두 사람은 요양차 지중해의 마요르카섬으로 가서 버려진 오두막 집에서 지내게 됩니다. 하필이면 그때 유례없는 추위가 들이닥쳐 건강은 더 악화되죠. 엎친 데 덮친 격으로 장마까지 시작됩니다. 병이 악화되어 각혈까지 하게 된 쇼팽은 근처 수도원으로 거처를 옮기죠. 그곳 의자에 앉아 창가에 떨어지는 빗방울 소리를 듣다가 빗속에서 고생하고 있을 상드를 생각하며 만든 곡이라고 합니다. 하지만 안타깝게도 〈빗방울 전주곡〉을 끝으로 두 사람은 헤어집니다.

해피한 엔딩이 아니라 기대했던 러브 스토리는 아닐 수도 있겠습니다. 이 곡이 밝지만은 않은 이유가 이 때문이 아닐까 합니다. 〈빗방울 전주곡〉은 쇼팽이 작곡한 24개의 전주곡 중 15번 곡의 별칭인데요. 제목 또한 쇼팽이 붙인 제목은 아닙니다. 반복적인 왼손 반주가 음울한 빗방울을 연상시키기 때문에 그렇게 붙여졌습니다. 무더운 여름의 장마, 가끔은 비 오는 날 창밖으로 떨어지는 빗방울 소리를 들으며 울적한 감상에 젖어 보는 것도 좋을 것 같습니다.

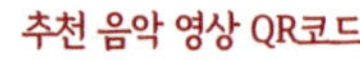 

추천 음악 영상 QR코드

시원한 바다로 떠나요!

한여름에 폭염이 지속되면 바다에 몸을 풍덩 던지고 싶지요. 출렁이는 파도와 하늘을 담은 청량한 물내음은 끝없이 펼쳐지는 수평선 너머로 그동안의 스트레스를 날려 버립니다. 광대하고 웅장한 바다를 그린 한 폭의 그림과 같은 음악, 본 윌리엄스의 〈바다 교향곡〉을 향해 떠나 보겠습니다.

랄프 본 윌리엄스Ralph Vaughan Williams, 1872년 10월 12일~1958년 8월 26일는 영국의 낭만주의 작곡가이자 교사이며 지휘자였습니다. 그는 영국의 민속 음악을 재발견하여 20세기 영국 음악의 부흥에 크게 기여한 음악가입니다. 윌리엄스는 영국 민요와 튜더 왕조의 교회음악에 관심을 보여 직접 노퍽 지방에서 민요를 채집했습니다. 그래서 그의 음악에는 영국 전통을 재조명한 작품이 많습니다.

1903년부터 구상에 들어갔던 〈바다 교향곡〉은 1909년에 완성하고 이듬해인 1910년 리즈 축제(Leeds Festival)에서 본 윌리엄스의 지휘로 초연되었습니다. 초연 작품은 총 4개의 악장으로 구성된 고전적인 '교향곡' 형태지만 시에 곡을 붙여 성악적인 부분이 많습니다. 윌리엄스가 매료되었던 미국 시인 월트 휘트먼(Walt Whitman)의 시집 《풀잎(Leaves of Grass)》에서 시인이 인간의 자유로운 삶과 개척 정신을 바다와 항해에 비유한 것에 감명을 받았고 개척자가 망망대해에 떠 있는 그 모습을 음악으로 표현하게 됩니다.

월리엄스의 이전 작품들보다 오랜 시간이 걸린 만큼 깊이 있고 완성도 높게 만들어져 교향시라고 할 만큼 표현력이 풍부합니다. 오케스트라뿐 아니라 독창, 합창이 함께해 칸타타적 성향도 보입니다. 〈바다 교향곡〉은 약 1시간 10분 가량의 러닝타임으로 대곡의 냄새가 물씬 나는데요. 총 4악장으로 제1악장 '모든 바다와 배의 노래(A Song for all Seas, All Ships)', 제2악장 '밤에 혼자 바닷가에서(On the Beach at Night, Alone)', 제3악장 '파도(The Waves)', 제4악장 '탐험하는 사람들(The Explorers)'로 악장마다 표제가 붙어 있습니다.

시작은 처음부터 관객을 압도하는 금관악기의 팡파르에 이어 "보라! 저 바다를"이라는 웅장한 합창이 바다의 광대함을 표현합니다. 조용한 2악장에 이어 3악장에서는 파도치는 모습을 생생하게 그려 내고 피날레에서는 장엄한 "오, 허공 중에 헤엄치는 거대한 구체여"로 시작, 클라이맥스로 치닫다가 점점 음악이 고요해지며 '깊은 곳만을 향해 나아가라'는 작곡가의 메시지가 전달되며 끝이 납니다.

추천 음악 영상 QR코드

가을에 고독한 자

아름답고, 풍요롭고, 시원하고, 그러면서도 떨어지는 낙엽에 쓸쓸하고 고독한… 뭔가 감성에 젖게 만드는 계절이 가을입니다. 노랗게 무르익고 울긋불긋 물든 세상을 바라보기만 해도 센치해져 절로 악상이 떠오르지 않을까요? 아티스트들에게 강력한 영감을 줄 수밖에 없는 계절, 가을을 배경으로 한 음악들도 굉장히 많습니다.

가을 스케치

가을을 그림으로 그린다면 알록달록하면서도 한켠은 채도가 낮은 먹먹한 컬러가 입혀질 듯합니다. 가을의 문턱에 들어가는 쓸쓸함과 진중함, 변해 가는 가을의 숲을 웅장하면서도 신비롭게 오케스트라로 그려 낸 〈가을 스케치〉를 소개합니다.

정확히는 〈가을: 교향곡 스케치(Autumn: Symphonic Sketch)〉라는 작품입니다. 세르게이 세르게예비치 프로코피예프Sergei

Prokofiev, 1891년 4월 23일~1953년 3월 5일의 곡이죠. 쇼스타코비치와 더불어 구소련(러시아)을 대표하는 피아니스트이자 혁신적이면서도 대중성을 갖춘 근·현대의 작곡가입니다. 피아니스트였던 어머니의 영향으로 다섯 살 때 〈인디언 갈롭〉이라는 피아노 소품을 처음으로 작곡했고 아홉 살 때는 〈거인〉이라는 오페라를 작곡한 천재였습니다. 13세(1904년)에 러시아 최고의 음악 학교 상트페테르부르크 음악원에 입학하여 재학 중에도 대표적인 작품을 발표하고 신진 작곡가로서의 명성을 높였습니다. 지금까지 소개한 음악가들을 보니 클래식 작곡가들은 다 천재인 것 같죠?

프로코피예프는 천재적이기도 하지만 그의 음악은 굉장히 파격적이고 대담해 여러 논란을 낳기도 했는데요. 피아노를 타악기처럼 꽝꽝 울려 대고 멜로디는 도발적이고 충격적이며 복잡한 화성과 전조로 피아니스트에게는 초고난도의 악보를 남겼습니다. 낭만주의의 부드럽고 아름다운 멜로디와 대조적인 모습을 보이며 20세기 피아니즘의 대표로 알려졌죠.

조금 더 알고 가기 Note

프로코피예프
성공 궤도에 오르던 그는 망명을 결심하고 시베리아와 일본을 거쳐 1918

년부터 2년간 미국에 체류합니다. 그때도 피아니 스트로 활동하면서 계속 작곡을 했고 〈피아노 협 주곡 제3번〉과 오페라 〈세 개의 오렌지의 사랑 (L'amour des trois oranges)〉 등을 작곡했지만  호평을 받지 못한 채 1923년에는 파리로 이주합 니다. 그때 스트라빈스키 〈봄의 제전〉의 연출가 디아길레프를 만나 여러 발레 음악을 작곡합니다.

이후 전쟁으로 인해 고국으로 돌아가 정치적인 검열, 억압과 통제로 활 동의 한계에 부딪히지만 말년의 어려운 상황에서도 그의 창작열은 식 지 않았으며 대작들을 남겼습니다. 프로코피예프는 대표작인 음악 동화 〈피터와 늑대〉를 비롯한 다양한 작품을 남겼고, 그의 음악은 자주 연주 되는 현대음악 레퍼토리 중 하나로 정착하게 되었습니다. 엄격하고 혹독 했던 스탈린 암흑시대에 말년을 힘들게 보냈지만 사후에 예술가로서 다 시 높이 평가를 받아 그의 얼굴이 찍힌 우표도 발행되었습니다. 당시 소 련 연방이었던 우크라이나의 도네츠크 국제공항은 1973년에 재공사 후 '도네츠크 세르게이 프로코피예프 국제공항'으로 이름을 명명했습니다.

〈가을 스케치〉는 프로코피예프가 1910년 스무 살도 되기 전 인 학생 시절에 작곡한 작품이지만 굉장히 성숙하면서도 완성 도 높은 오케스트레이션을 보여 줍니다. 파괴적인 모습과는 다 르게 가을의 길목에 서 있는 '불길한 고요함'을 효과적으로 묘사 하면서 점차 풍성하게 펼쳐지는 드라마틱한 전개가 매력적입니 다. 곡의 구성은 두 주제 사이의 미묘한 대조가 있는데요. 당시 러시아의 선배 격 작곡가 라흐마니노프의 〈죽음의 섬(Isle of the Dead, 1909)〉의 오프닝 분위기를 떠올리게 하는 주제와 오케스트레이션으로 시작해 풍부하면서도 민감하게 음악이 전환됩니다. 오싹하게 미끄러지는 것과 같은 현악기와 서스펜스 영화의 한 장면을 그리는 듯한 어두운 목관 악기가 가을의 분위기를 연출합니다

추천 음악 영상 QR코드 

가을에 고독한 자

옛 우리말에 "아홉수가 사납다", "아홉수를 조심하라"는 말이 있습니다. '아홉수(數)'는 미신이기도 하고 어른들이 말씀하시는 금기 사항으로 오래전부터 굳어진 말입니다. 9, 19, 29, 39세와 같이 아홉이 든 나이를 말하는데 이때를 조심해야 한다고 하죠. 10, 20, 30, 40 등의 딱 떨어지는 완전한 숫자가 되기 직전의 상태라 마지막 관문, 대격변 직전의 상태 등을 상징한다고 합니다. "아홉수를 조심하라"는 말은 '완성을 눈앞에 두고 삐끗하지 않게', '다 된 밥에 코 빠뜨리는 일 없게' 유의하라는 의미입니다.

클래식 음악계에서도 이런 말이 있습니다. "어떤 위대한 교향

곡 작곡가도 '9번'을 넘어서지는 못했다"라는 징크스입니다. 실제로 베토벤, 드보르작, 브루크너와 같은 대작곡가들도 '마의 9번 교향곡'을 넘지 못했기 때문이죠. 이 말을 굳게 믿었던 위대한 음악가가 한 분 또 있었으니, 바로 구스타프 말러입니다. 아홉 번째 교향곡을 작곡했음에도 9번이라는 이름을 붙이지 않은 구스타프 말러의 〈대지의 노래〉를 소개합니다.

사실 작곡가보다 지휘자로 더 바쁘게 활동했던 구스타프 말러Gustav Mahler, 1860년 7월 7일~1911년 5월 18일는 근대음악 발전의 과도기에 활동한 오스트리아의 음악가로 낭만주의적 교향곡의 마지막 작곡가라 할 수 있습니다. 1880년부터 지휘 활동을 시작했고 류블랴나, 올로모크 극장을 거쳐 카셀의 왕립 극장에서 부지휘자, 프라하, 라이프니츠에서 지휘자, 부다페스트 오페라극장에서 지휘자 겸 음악감독 그리고 함부르크 시립오페라극장의 지휘자를 거쳤습니다. 그사이에 여러 곡들을 작곡해 작곡가로서의 명성도 얻었지요. 1897년에는 최고의 극장 중 하나인 빈 국립오페라극장의 지휘자로 임명됩니다.

〈대지의 노래〉는 말러의 걸작으로 '동양의 시를 서양 음악사에 등장시킨 최초의 작곡가'라는 타이틀을 안겨 준 작품입니다. 한스 베트게의 시 〈중국의 피리〉에 음악을 붙였는데요. 동양적 색채와 신비로움을 느낄 수 있는 곡입니다. 교향곡이지만 특이하게도 성악가가 한 악장씩 교대로 등장해서 연가곡과 같은 작품입니다. 보통의 3, 4악장 형식의 교향곡에서 벗어나 총 6악장으로 되어 있죠. 전체적으로는 염세적이며 초월적인 정서를 담고 있습니다. 2악장의 '가을에 고독한 자'가 딱 가을에 맞는 곡이지요.

1악장: 현세의 불행에 대한 술 노래(酒歌)
 (Das Trinklied von Jammer der Erde)
2악장: 가을에 고독한 자(Der Einsame im Herbst)
3악장: 청춘에 대하여(Von der Jugend)
4악장: 아름다움에 대하여(Von der Schönheit)
5악장: 봄에 술 취한 자(Der Trunkene im Frühling)
6악장: 고별(Der Abschied)

말러는 원래 〈현세의 불행에 대한 노래 - 테너, 알토와 오케스트라를 위한 교향곡〉이라는 제목을 붙이려 했지만 최종적으로 〈대지의 노래〉, 부제는 '테너, 알토 혹은 바리톤과 오케스트라를 위한 교향곡'으로 개정했습니다. 말러가 이런 염세적인 분위기의 곡을 쓰게 된 시점은 음악활동에서도, 개인적으로도 여러 가지 어려운 상황에 놓여 있을 때입니다.

말러는 좋게 말하면 철저한 완벽주의자였고 나쁘게 말하면 좀 고압적인 사람이었죠. 당시 11년 동안 빈 국립오페라극장의 총감독을 맡으며 혁신적인 공연과 함께 전설적인 지휘자로서 공연을 많이 했지만 그 과정에서 적이 많이 생겼고 갈등도 심해지게 됩니다. 마침 뉴욕의 메트로폴리탄 오페라단의 지휘자 제의를 받으며 사임을 결심하게 되죠. 그런데 이때 큰딸 안나 마리아가 디프테리아(성홍열)에 걸려 죽고, 엎친 데 덮친 격으로 말러 자신 또한 심장에 문제가 있다는 것을 알게 됩니다. 후에 말러의 아내는 이 시기를 말러의 〈교향곡 6번〉 피날레에 빗대어 표현하여 "말러를 쓰러뜨린 운명의 세 타격"이라 불렀습니다. 자신이 그토록 애정하던 일터와 가족, 그리고 건강까지 잃어버리게 되니 삶과 죽음에 대해 고민이 될 수밖에 없었겠지요. 〈대지의 노래〉는 말러의 아픔과 상실감, 그리고 그 삶이 음악으로 투영된 자전적인 작품이 되었습니다.

2악장 '가을에 고독한 자'는 어느 가을날 한 남자가 고독함 속에 슬피 울면서 탄식하며 자신의 눈물을 말려 줄 사랑의 태양을 기다리는 노래입니다. 고요하면서도 애상적이지만 후반에는 풍요로운 악상을 들을 수 있는데 한편으로는 쓸쓸하게 들리는 것 같습니다.

가을엔 재즈

물론 가을에도 클래식 음악이 좋지만, 필자 개인적으로는 가을엔 '재즈(Jazz)'가 참 잘 어울리는 장르라고 생각합니다. 20세기의 현대 음악과 구소련을 대표하는 작곡가 쇼스타코비치도 그 매력에 빠지고 말았습니다.

드미트리 쇼스타코비치Dmitri Dmitriyevich Shostakovich, 1906년 9월 25일~1975년 8월 9일는 1906년 상트페테르부르크에서 폴란드계 이민자 3세로 태어났습니다. 여덟 살 때부터 어머니에게 피아노를 배우고 10살 때부터 작곡을 시작했어요. 음악원에 진학하였고 재학 중에도 피아노 곡과 실내악 곡들을 써서 직접 초연할 정도로 뛰어난 소양을 보였다고 합니다. 〈교향곡 1번〉도 10대였던 쇼스타코비치가 1925년 졸업 작품으로 만들었습니다. 10대의 작품이라고는 믿을 수 없을 만큼 작품성, 완성도, 독창성이 뛰어나고, 현대적이면서 화려하고 풍부한 오케스트레이션으로 당시 유럽에서 신선하게 받아들여졌답니다. 몇 년 사이에 주변 국가에서도 연주될 정도로 주목을 받게 되었고 쇼스타코비치는 이른 나이에 성공한 작곡가로 활동했습니다.

제2차 세계대전을 겪으며 독일이 소련을 침공할 땐 쇼스타코비치가 방공감시원과 의용소방대로 활동했는데, 그 시기에도 작곡은 멈추지 않았습니다. 레닌그라드 공방전 당시 썼던 곡은 〈레닌그라드〉라는 제목이 붙었고, 소련뿐 아니라 미국, 영국 등 연합국에서도 승리를 기원하는 음악의 상징이 되기도 했습니다. 전황이 호전되며 모스크바 음악원의 작곡 교수로 재직하게 되었고 이후에는 좀 더 비극적이고 거친 교향곡들, 전쟁의 경험을 다룬 작품들을 창작했습니다. 사회주의 체제의 비판적 목소리들도 곡에서 다루다 보니 한때는 정치적으로 쇼스타코비치의 곡을 금지하기도 했습니다. 그래도 차이코프스키 이후로 가장 많은 히트작을 낸 러시아 음악가로 알려져 있습니다.

쇼스타코비치가 재즈에 관심을 갖게 된 것은 학창 시절에 외국 재즈 뮤지션들의 소련 방문 재즈 공연을 보면서였는데, 당시 소련에서는 재즈가 퇴폐적이고 부르주아적 문화의 단면이라고 생각했기 때문에 '몰래' 관심을 가질 수밖에 없었습니다. 불과 몇십 년 전만 해도 정통 클래식에 재즈를 입힌다는 것은 생각도 할 수도 없는 일이었고요. 그럼에도 쇼스타코비치는 재즈 기법을 의도적으로 곡에 담게 됩니다. 그 곡이 바로 〈재즈 모음곡〉이라고 불리는 왈츠입니다.

쇼스타코비치 재즈 왈츠는 기존의 왈츠와는 느낌이 좀 다르다고 느끼실 수 있습니다. 분명 느리지 않은 템포에 '쿵짝짝' 하는 왈츠의 기본 선율이 있지만 왠지 모르게 어두운 느낌을 주는 묘한 곡이죠. 재즈에서 느낄 수 있는 블루지한 맛과 멜랑꼴리한 느낌이 드는 곡입니다. 영화나 방송 음악에서도 많이 사용되어 귀에 익숙한 곡일 수 있습니다. 국내에서는 2001년 개봉했던 영화 〈번지점프를 하다〉에 사용되기도 했죠.

하지만 약간의 반전이 있었습니다. 1999년 이 곡의 원본이 발견되었는데, 원래 악보에서는 제목이 〈재즈 모음곡〉이 아닌 〈다양한 오케스트라를 위한 모음곡〉이었다고 합니다. 그 이유를 알아본 결과, 1988년 런던에서 처음으로 연주되며 〈재즈를 위한 모음곡 2번〉으로 잘못 소개되었던 것이 지금까지 그렇게 쓰이게 되었다는 것입니다. 실제로 재즈 오케스트라를 위한 작품이라고 볼 수 있을 만큼 오케스트라 구성에 재즈 식으로 색소폰 등 흔히 볼 수 없는 악기들의 배치가 나옵니다. 그래서 바뀐 제목이 당연하게 여겨졌을 것 같습니다.

추천 음악 영상 QR코드

Into the 언-논

얼마 전 겨울, 강원도에서 'Into the 언-논'이라는 썰매장 광고 현수막을 보고 한참을 웃었던 적이 있습니다. 애니메이션 영화 〈겨울왕국〉 2편에서 노래한 구절을 센스 있게 사용했던 것이었는데요. 논에 물을 가득 채워 '언(얼어 버린) 논' 썰매장을, 'Into the Unknown(미지의 세계로)'으로 패러디하여 홍보한 재치가 돋보입니다.

겨울은 추워서 힘든 계절이지만 '언-논'에서 썰매도 타고, 눈 내리는 날이면 눈사람 만들고, 크리스마스도 있어 설레는 계절입니다. 겨울의 이야기들이 소재가 되는 클래식 음악들도 많겠죠. 그럼 겨울 클래식 음악으로 시원하게 떠나 볼까요? Into the 언-논~~~!

부자의 '썰매 타기'

'머리가 좋아지는 음악'으로 알려져 한때 많은 부모들이 태교로, 육아용으로 모차르트 음악을 들려주곤 했습니다. 천재 작곡가이자 불멸의 음악가 볼프강 아마데우스 모차르트! 특히나 5살이라는 어린 나이부터 작곡을 시작해 이른 시절부터 명곡들을 남겼으며 35년의 짧은 생을 살았음에도 수많은 작품을 남겼습니다.

모차르트가 태어난 곳은 영화 〈사운드 오브 뮤직(Sound of Music)〉에서도 배경이 되었던 오스트리아 잘츠부르크입니다. 아름다운 알프스 산맥과 고풍스러운 건물들이 있어 사계절 모두 아름다운 것은 물론, 겨울의 설경은 더욱더 아름답고 매력적인 곳입니다. 11월 말부터 한 달 동안 잘츠부르크 대성당 광장에서는 크리스마스 축제와 마켓이 열려 화이트 크리스마스의 모습도 엿볼 수 있죠.

모차르트는 그의 말년이자 30대 초에 궁정악단의 실내악 작곡가가 됩니다. 궁정악단 전 시절에는 걸작 오페라들인 〈피가로의 결혼〉이나 〈돈 지오반니〉와 같은 대작들을 남겼는데요. 이 작품들은 당시 신분사회를 풍자한 내용이기 때문에 귀족들의 미움을 사기도 했습니다. 시민들도 모차르트의 음악이 어렵다고 조금씩 등을 돌리게 됩니다. 경제적으로 어려움을 겪던 중에 생계를 위해 궁정악단의 작곡가로 정착하게 되며 정치적으로 논란을 일으키는 작품 대신 가벼운 무도회 춤곡들을 작곡하게 되었습니다. 그때 탄생하게 된 곡이 〈썰매 타기〉라는 곡입니다. 한겨울에 썰매를 타는 듯한 흥겨움과 즐거움이 담긴 신나는 곡으로 다시금 사람들의 사랑을 받습니다.

이 곡을 작곡했던 때의 모차르트는 사실 경제적으로 최악의 상태였고 먹고살기 위해 인기를 끌 만한 곡을 작곡해야만 했던 시절이었거든요. 게다가 〈썰매 타기〉가 세상에 나왔던 1791년은 모차르트가 사망한 해였어요. 최악의 현실과는 달리 행복과 즐거움이 넘치는 경쾌한 곡입니다. 그래서인지 역설적이고 조금은 안타까운 곡입니다.

모차르트는 극성 아버지의 영향을 많이 받았습니다. 모차르트의 아버지 레오폴트도 바이올리니스트이자 지휘자, 그리고 음악 교육자였고 작곡가로서도 작품을 남겼습니다. 어린 막내 아들의 비범한 재능을 일찍이 알아차린 레오폴트는 음악가로서 자신의 커리어를 희생하는 대신 아들의 교육과 출세를 위해 해외를 다니며 매니저를 자처하죠. 이들 부자지간에 음악적인 교류와 함께 서신을 주고받았던 기록들이 많이 남아 있어 이들의 '애증의 관계'를 엿볼 수 있습니다.

모차르트의 뛰어난 업적에 아버지 레오폴트의 역할은 간과할 수 없죠. 아버지 레오폴트 또한 음악가로서, 교육자로서 많은 작품들을 남겨 고전적인 명저로 꼽히고 있습니다. 모차르트의 아버지 레오폴트가 작곡한 〈썰매 타기〉라는 곡도 있습니다. 모차르트의 〈썰매 타기〉가 아버지 음악에 영향을 받았을 것이라 추측하기도 하며, 말년에 눈이 많이 내렸던 고향 잘츠부르크에서 어린 시절 아버지와 함께 썰매를 탔던 어린 시절을 떠올렸을지도 모르겠습니다.

추천 음악 영상 QR코드

레오폴트의 〈썰매 타기〉는 요즘 만들어진 크리스마스 캐롤이라고 해도 믿을 만큼 현대적이고 연말 분위기가 물씬 나는 재미있는 곡입니다. 방울 소리, 뻐꾸기 소리, 말 우는 소리, 채찍 소리 등이 익살스럽게 들린답니다.

추천 음악 영상 QR코드

아들인 모차르트의 동명의 곡인 〈썰매 타기〉의 원 제목은 〈독일 무곡 K. 605〉 중 3번입니다. 중간 부분부터 종 지는 소리와 나팔 소리가 들리고 썰매를 타며 노는 모습을 그리고 있습니다. 작곡가 부자(父子)의 〈썰매 타기〉를 번갈아 들어 보는 것도 재미있습니다.

딸 바보의 '춤추는 눈송이'

딸을 가진 대부분의 아버지들은 아이가 태어나 조금씩 커 가는 걸 지켜보며 점점 '딸 바보'가 되어 갑니다. 인상주의 작곡가이자 거장, 클로드 드뷔시Claude Debussy, 1862년 8월 22일~1918년 3월 25일도 딸을 가진 아빠의 숙명에서 벗어나지 못했습니다. 클래식계의 소문난 딸 바보였는데요. 딸의 애칭도 '슈슈'라고 아주 예쁘고 귀엽습니다. 이렇게 눈에 넣어도 아프지 않을 딸이 생기다 보니 사랑하는 딸을 위한 영감이 마구마구 샘솟았나 봅니다. 여러 기록들에 의하면 드뷔시가 굉장히 순수한 성품을 가진 내향적인 사람이었다고 합니다. 사교를 좋아하지도 않고 혼자서 자주 상상에 빠졌다고 해요.

드뷔시는 어느 겨울, 사랑하는 딸 클로드 엠마를 위해 곡을 쓰게 됩니다. 제목도 귀여운 〈춤추는 눈송이〉라는 예쁜 피아노 독주곡입니다. 펑펑 눈이 내리는 날, 어린이들이 창밖으로 내리는 눈을 보고 있는 상황을 그렸습니다.

곡 초반에는 눈이 내리기 전 먹구름에 하늘이 어둡고 흐려지는 모습을 표현하다가 눈이 점점 내리며 휘몰아치는 장면으로 이어집니다. 한 송이, 한 송이 내리는 눈들이 바람에 흔들리며 춤을 추는 것만 같은 느낌을 줍니다.

〈춤추는 눈송이〉는 〈어린이의 세계〉라는 총 6곡의 피아노 모음곡 중 네 번째 곡입니다. 천진난만한 악상과 장난기 섞인 풍자가 아주 재미있는 곡입니다. 2분 30초 정도로 굉장히 짧으니 음악을 먼저 들어 보고 다음 글을 읽어 보서도 좋겠습니다.

추천 음악 영상 QR코드

조금 더 알고 가기 Note

드뷔시

드뷔시는 '인상주의 작곡가'로 알려져 있어요. 미술에서 인상주의는 보이는 그대로가 아니라 주관적인 '인상'에 따라 그리는 화풍을 뜻하는데, 음악에도 이를 반영한 것입니다. 드뷔시는 근대 음악사에서 아주 혁신적인 인물입니다. 유로화가 도입되기 전까지 드뷔시의 얼굴은 프랑스를 대표하는 예술가로서 화폐 20프랑의 모델로 쓰였을 징도입니디.

드뷔시도 일찍이 피아노에 두각을 나타내며 '프랑스의 신동'으로 불렸는데요, 파리 음악원에 들어갔고 당시 작곡가의 등용문이었던 '로마상'에서 대상을 받게 됩니다. 그 장학금으로 2년간 로마 유학을 다녀오며 당시 주류 문화였던 인상파 화풍과 문학의 영향을 받습니다. 그는 몽환적이고 색채감이 느껴지며 새로운 화음을 사용한 작품으로 인상주의를 대표하는 작곡가가 됩니다. 근·현대음악의 시작을 알린 〈목신의 오후에의 전주곡〉, 〈야상곡〉, 〈베르가마스크 모음곡〉 중 〈달빛〉 등이 대표적입니다.

현실적인 '눈 치우기'

어릴 때는 눈이 오면 마냥 좋기만 했는데 어른이 되고 나니 '미끄러지면 어쩌나', '저 눈을 언제 치울까'라는 걱정이 앞서네요. 마찬가지로 이번 곡은 조금은 현실적인 겨울 음악입니다. 바로 〈눈보라〉, 〈눈 쓸기〉 또는 〈눈 치우기〉라고 불리는 곡입니다.

19세기에도 팬들을 우르르 몰고 다니는 아이돌과 같은 피아니스트가 있었으니! 그의 이름은 프란츠 리스트_{Franz Liszt, 1811년 10월 22일~1886년 7월 31일}입니다. 피아노의 신! 비르투오소(virtuoso)라는 수식어를 늘 달고 다니는 헝가리 음악가입니다. 꽃미남의 상징인 금발에 큰 키, 창백할 정도의 우윳빛깔 피부, 거기에 어마어마한 피아노 실력까지! 피아노를 치는 옆태는 조각 같아서 수많은 여성 팬들이 연주마다 따라다니며 지금의 아이돌 뺨치는 인기를 누렸습니다. 리스트의 공연은 늘 열광의 도가니였다고 합니다. 손가락도 역시 가늘고 길어, 12도의 음정을 보통 사람이 옥타브를 치듯 편하게 쳤다고 해요. 즉 도에서 한 옥타브 올라가 솔까지 닿았다는 뜻이에요. 실제로 청년 시절 리스트의 손 모양을 본떠 만든 모형이 바이마르의 리스트 박물관에 전시되었다고 하지요.

당시에는 연주 녹음 기술이 없었기 때문에 안타깝지만, 리스트의 연주에 관한 기록들을 살펴보면 지어낸 게 아닌가 싶을 정도로 놀라운 이야기들이 많습니다. 역대 피아니스트 그 누구도 흉내조차 내지 못할 만큼 독보적인 초견과 즉흥연주 능력과 함께 매우 빠르고 기교적이며 감정적이고 화려한 것이 특징이라고 합니다.

또한 리스트는 '교향시'의 창시자이고 수많은 피아노 곡들을 남겨 클래식 음악 역사상 매우 중요한 인물로 꼽힙니다. 평생에 걸쳐 수십여 곡의 합창곡과 교향시, 성악곡과 몇 곡의 실내악곡, 한 곡의 오페라를 작곡했죠. 피아노 곡은 무려 천 곡에 다다를 정도로 놀라운 작품의 수를 보여 줍니다. 리스트 본인이 스스로 엄청나게 뛰어난 피아니스트였기에 그의 피아노곡들은 매우 기교적이고 화려했습니다.

리스트의 〈눈보라〉는 제목조차 〈초절기교 연습곡〉이라는 12곡 중 마지막 곡입니다. 리스트가 열다섯 살 때 만들었던 작품을 발전시킨 곡인데 이미 어린 나이부터 테크닉적으로도 출륭한 재능을 가졌음을 알려 주지요. 처음엔(1826년) 스승인 체르니를 위해 헌정하려고 만들었고, 오랜 시간 여러 번의 수정을 통해 완성(1852년)하여 오늘날 피아니스트들의 교과서와 같은 곡이 되었습니다.

이 곡 또한 에튀드인데요, 쇼팽과 리스트의 에튀드 모두 단순한 연습곡이 아닌 감정 표현의 아름다움과 훌륭한 예술성이 동반하는 작품이라는 비슷한 결을 가지고 있습니다. 쇼팽은 1810년생, 리스트는 1811년생으로 한 살 차이밖에 나지 않는 데다 둘 다 천재 피아니스트로 어린 나이부터 활동하여 라이벌로 언급이 되곤 했답니다. 실제로 쇼팽의 데뷔 연주회에서 알게 되어 친하게 지냈습니다. 후에 조금 멀어지기는 했지만 서로 음악적으로 존중하는 사이였다고 합니다.

리스트는 교향시의 창시자답게 연습곡마저도 시적인 의미를 담아 테크닉으로 연결시켰습니다. 교향시는 문학이나 회화를 바탕으로 시적인 사상이나 표제에 따라 음악이 전개되는 자유로운 형식입니다. 대상의 가시적인 묘사가 아닌 '관현악'을 통한 시적 사상 표현이라는 점에서 기존의 표제 음악과 차이를 보입니다. 리스트는 교향시뿐 아니라 모든 음악에 그런 면을 담은 것 같습니다.

〈눈보라〉에서는 엄청난 음표들이 함박눈송이들처럼 펑펑 내리는데요. 온 세상을 뒤덮는 대설을 바라보며 아름답지만 몰아치는 눈보라에 긴장되면서 공포스러운 분위기를 전달합니다. 실제로 피아니스트들이 치기에 위압감을 주는 음표들의 수와 함께 현란한 테크닉으로 손가락들이 엄청나게 바쁩니다. 연주를 실제로 보면 쏟아지는 눈보라 속에서 '이 눈을 치워야 한다'

는 생각처럼 '이 곡을 해치워 버려야겠다'는 생각으로 아주 공격적인 연주를 하는 느낌입니다. 어떤 느낌이 들지 생각하며 연주 영상을 함께 보는 것을 추천합니다.

추천 음악 영상 QR코드

GATE C

휴식의 문:
휴식이 필요할 때 듣는 클래식

모로코 해안에서 느끼는 아침의 기분

대서양과 지중해가 만나 아랍과 유럽의 문화가 섞여 있는 매력적인 북아프리카 국가, 모로코에 가 보셨나요? 부드러운 질감의 백사장과 푸른 진주 바다의 낙원에서 펼쳐지는 모로코 해변. 따뜻한 햇살에 몸을 그을리며 책 한 권을 얼굴에 덮고 이어폰을 낀다면 이런 음악이 흘러나오지 않을까 싶습니다.

아침의 기분(Morning Mood)

에드바르 하게루프 그리그Edvard Hagerup Grieg, 1843년 6월 15일 ~1907년 9월 4일는 노르웨이 최고의 작곡가라고 칭송받는 음악가입니다. 독일 낭만파의 영향을 강하게 받았지만 조국의 민요와 민속 춤곡의 요소를 도입해 특색 있고 우아한 노르웨이의 국민 음악을 수립했지요.

노르웨이는 북유럽 스타일로 유명한 스칸디나비아반도 북서부에 있는 나라입니다. 아름다운 자연환경과 함께 최고 수준의 복지로 알려져 있는데, 클래식 음악이 유명하다는 얘기는 많이 못 들어 보셨을 거예요. 당시 그리그도 어린 나이에 클래식 음악 교육을 받기 위해 독일 라이프치히에서 유학을 했습니다. 20대엔 피아니스트로 유명했고 점점 작곡가로 성장했습니다. 1874년 어느 날, 노르웨이의 대문호 '헨리크 입센'에게 편지 한 통을 받게 됩니다. 곧 무대에 올릴 시극인 〈페르퀸트〉의 극 부수음악을 부탁한다고요.

그리그는 2년에 걸쳐 〈페르퀸트 모음곡〉을 완성했고 오슬로의 크리스티나 극장에서 초연되어 대성공을 거둡니다. 공연의 성공에 큰 기여를 했지만 정작 그리그 자신은 음악에 만족을 못 했다고 합니다. 그럼에도 불구하고 이 공연의 소위 '대박'으로 그리그는 일약 노르웨이의 국민 음악가로 부상하게 됩니다.

'모음곡'은 몇 개의 소곡, 소품을 배열한 기악곡을 말합니다. 〈페르퀸트 모음곡〉은 총 2개의 모음곡이 있는데, 각 모음곡마다 4개의 곡이 들어 있어요. 〈아침의 기분〉은 제1모음곡의 제1곡입니다.

이 곡은 극의 전개상으로는 4막의 전주곡입니다. 주인공 페르퀸트가 모로코 해안에 딱 도착했을 때 맞이하는 아침의 풍경과 기분을 음악으로 표현한 곡입니다. 아름답게 펼쳐지는 플루트 선율이 바다 위로 해가 떠오르는 아름다운 풍경을 연상시키는

데요. 정말 평화롭고 아름다운 모로코의 아침 바다가 그려지는
곡입니다. 아프리카와 대서양의 아침 느낌, 새롭고 상쾌한 기분
이 느껴질 거예요.

추천 음악 영상 QR코드

바다 위의 피아노

살랑이는 하얀 시폰 커튼 사이로 햇살에 눈이 부시게 들어옵
니다. 창문을 열어 보니 푸른 바다가 하얀 거품을 뿜어내며 철
썩입니다. 시원하게 불어오는 바람이 코를 간지럽히고요. 어디
선가 아름다운 피아노 멜로디가 들려오는데 바닷가에서 누군
가 멋진 그랜드 피아노 앞에서 피아노를 칩니다. 피아노의 선율
이 커튼을 나부끼는 바람을 타고 들어올 것 같은 이 음악! 〈아
침의 기분〉에 이어 해변의 아침과 같은 음악, 앙드레 가뇽André
Gagnon, 1936년 8월 2일~2020년 12월 3일의 〈바다 위의 피아노〉입니다.

사실 이 곡은 클래식 음악이 아니라 뉴에이지 음악으로 분류
됩니다. '뉴에이지 음악(new age music)'은 1980년대에 나타난
음악 장르로, 고전음악이나 포크뮤직을 포함하여 광범위한 음
악 장르를 포괄하는 연주음악입니다. 뉴에이지란 기존의 사회,

문화, 종교에서 탈피해 인간 의식을 확장하고 내적 능력을 우주의 영역까지 올린다는 신비주의적 사상에 기반을 둔 종교적 개념이었습니다. 뉴에이지 음악이 뉴에이지 운동과 함께 명상이나 긴장 완화와 무의식의 차원을 느끼게 하는 도구로 쓰이다 보니 잔잔하고 듣기 편한 음악들이 많이 생겼습니다. 가볍고 편안한 느낌의 피아노 소품과 비슷한 스타일의 음악들도 많다 보니 단지 듣기 편한 연주음악을 통틀어 뉴에이지라고 부르는 경우도 생겼습니다. 세미 클래식, 퓨전 재즈, 이지 리스닝과 같이 대중적이면서도 클래시컬한 음악을 합쳐서 뉴에이지라고 부르기도 하지만 엄밀하게 보면 잘못된 분류지요.

앙드레 가뇽은 캐나다 출신의 대표적인 뉴에이지 작곡가이자 피아니스트입니다. 1997년 우리나라에서도 〈바다 위의 피아노〉가 수록된 앨범 〈모노로그(Monologue)〉가 발매되며 인기를 끌었고 대기업 아파트 브랜드 광고에도 그의 곡들이 삽입되어 더 유명해졌습니다. 그의 음악들은 서정적이고 아름다운 곡들이 많아 '뉴에이지계의 쇼팽'이라 불리기도 합니다.

〈바다 위의 피아노〉는 파도가 들어오고 나가고 잔잔하게 부딪혀 쓸고 가는 바다를 음악적 완급 조절로 잘 표현하고 있습니다. 마치 아침 바닷가에서 연인과 손을 잡고 시원한 바닷바람을 맞으며 말없이 옅은 웃음을 짓는 모습이 그려집니다. 클래식 음악은 아니지만 클래식 음악으로 오해 받곤 하는 '뉴에이지 음악', 앙드레 가뇽의 〈바다 위의 피아노〉를 들으며 잠시 휴식에 빠져 보세요.

추천 음악 영상 QR코드

커피 한잔할래요?

복잡하고 머리 아픈 일이 지속되면 우리의 뇌는 잠시 '커피 타임'을 외칩니다. 밥은 못 먹어도 커피는 마신다는 현대인들! 카페인 과다섭취는 건강에 좋지 않지만 커피를 마시면 기분이 좋아지며 운동 능력을 높여 준다고도 합니다. 향긋한 커피 향기와 분위기 있는 카페에서의 시간은 삶의 여유와 풍요로움을 주기도 하지요.

커피 칸타타

음악의 아버지 바흐도 바로 이 커피를 좋아했다고 합니다! 아니, 그때도 커피가? 바로크 시대가 약 300년 전, 1700년대인데 커피가 있었을까 하시겠지만 당시 라이프치히에선 커피 마시는 일이 대유행이었답니다. 자연스럽게 커피하우스가 많이 생겨났고 커피하우스는 사교장 역할을 했다고 합니다. 요즘 시대에도 많은 카페가 생겨났죠. 카페에는 음악이 필수적이다 보니 분위기에 맞는 라이브 공연을 하는 카페들도 많이 생겼습니다. 그 당시에도 커피하우스에서 공연이 열렸는데 이러한 공연을 위해 바흐가 썼던 곡이 〈커피 칸타타〉입니다.

"어라? '칸타타' 어디서 많이 들어 봤는데…." 맞습니다. 편의점에서 흔히 볼 수 있는 '칸타타'라는 커피 브랜드가 생각나실 거예요. 또는 부활절 때나 크리스마스 때 교회나 성당을 통해 들어 보셨을 것입니다. 칸타타는 '노래하다'라는 이탈리아어 '칸타레'에서 유래했습니다. 칸타타는 좀 작은 규모의 '오라토리오'라고 생각하면 됩니다. 오라토리오는 앞서 GATE A 중 Talk-Talk 4의 '클래식의 클래식, 바로크 시대'에서도 간단히 다뤘죠. 오라토리오는 바로크 시대에 유행했던 극 음악 중의 하나이며, 오페라와 비슷하지만 무대장치나 의상, 조명 등은 거의 없이 낭송자와 함께 연주회 형태로 진행합니다.

칸타타는 바로크 시대의 대표적인 성악 형식 중 하나이며 작은 규모의 오라토리오이자 기악으로 반주하는 성악곡인데요, 극 중 이야기를 구성하는 가사는 아리아(Aria), 레치타티보(Recitativo), 중창, 합창 등 다악장 형식으로 만들어집니다. 칸타타는 교회 칸타타와 세속 칸타타로 나뉩니다. 교회 칸타타는 종교적인 내용으로 특히 독일의 프로테스탄트 교회음악으로 발전하게 됩니다. 세속 칸타타는 사교 모임을 위해 만들어진 칸타타로 바흐

이후 후세로 갈수록 사라지게 됩니다.

〈커피 칸타타〉는 종교적인 음악이 아니니 아무래도 세속 칸타타 쪽이겠죠? 17세기 중반 이후 커피가 일반화되면서 유럽에서는 커피가 유행하기 시작합니다. 커피하우스들이 많이 생겨났고 커피하우스에서 담소를 나누기도 하고 예술가들은 열띤 토론과 함께 작품을 구상했습니다. 당시에도 커피가 좋다, 나쁘다 논란도 있었고 여성 출입에도 제한이 있어 이러한 사회상을 소재로 삼아 풍자적으로 만든 작품이 〈커피 칸타타〉였습니다.

이 작품은 바흐와 작업을 많이 한 작가 크리스티안 헨리키가 함께했습니다. 등장인물은 해설자(테너), 딸 리첸(소프라노), 아버지 쉬렌드리안(베이스)입니다. 역할에 맞게 솔로와 레치차티보로 연주됩니다. 딸 리첸(Lieschen)은 '신은 완벽하다'는 의미이며 아버지 쉬렌드리안(Schlendrian)은 '구식, 보수'의 뜻을 담고 있습니다. 아버지는 보수적인 구세대를 대표하고, 딸은 개방적인 젊은 세대를 대표하며 세대 차이와 갈등을 재미있게 표현하고 있습니다. 당시 커피하우스엔 여성 출입이 안 됐기 때문에 소프라노 역할을 남성 성악가가 대신하여 더욱 코믹하게 음악을 표현하기도 했습니다.

커피가 소재가 되어 어느 시대에서나 존재하는 세대 차이를 보여 주는 바로크 시대 극 음악이라 재미있습니다. 자, 17세기 커피하우스에 있다고 생각하며 커피 한잔하시면서 바흐의 〈커피 칸타타〉 한번 들어 보실까요?

추천 음악 영상 QR코드

달달한 커피 한 잔, 돌체 라떼

커피는 쓴맛으로 마신다지만 달달한 커피를 찾는 분들도 많습니다. 한동안 '돌체 라떼'라는 메뉴가 아주 인기를 끌었습니다. 연유와 우유, 에스프레소 샷이 들어가 완성되는 커피입니다. 보통 라떼는 우유가 들어가는 음료인데요, 뜨거운 스팀으로 거품을 낸 우유를 쓰죠. 연유는 우유와 설탕을 끓여 섞어 만드는 쫀득하고 달콤한 시럽입니다.

'돌체(Dolce)'는 이탈리아어로 '달콤하다'는 뜻입니다. 이탈리아에서 실제로 아이스크림을 먹고 있는 아이들이 뭐라고 하는지 들어 보면 "돌체"라고 하는 것을 들을 수 있습니다. 입속에서 달콤하게 녹아 버리는 달달함이 돌체인 것이죠. 또한 '돌체'는 맛의 표현뿐 아니라 달콤하도록 '아름답다', '예쁘다'는 뜻으로도 쓰입니다.

클래식 음악에서도 음악 용어로 사용하는데요. 악보에 'Dolce'라고 쓰여 있다면 부드럽게 또는 우아하고 아름답게 연주하라는 말입니다. 실제 악보에서 자주 볼 수 있는데요. 돌체라는 용어가 있으면 연주자들은 달콤함을 장착하고 최대한 아름답고 풍성하게 표현하려고 노력합니다. 약간의 '오버액션'도 용납될 만큼 아름다움을 극대화하려고 여러 테크닉들을 사용하지요.

달달한 커피 한 잔과 같이 달콤함에 녹아 버릴 바로크 음악을 하나 더 소개합니다. 악보에 돌체가 잔뜩 써 있을 것 같고 제목에도, 가사에도 돌체가 잔뜩 들어 있는 곡입니다. 게오르크 프리드리히 헨델Georg, Friedrich Händel, 1685년 2월 23일~1759년 4월 14일의 칸타타 〈달콤한 시간에(Nel dolce tempo, HWV 135b)〉라는 작품입니다. 헨델은 '음악의 어머니'라고 불릴 만큼 훌륭한 작품을 남긴, 음악사의 중요한 인물입니다. 음악의 어머니라고 해서 여성은 아닙니다. 그 정도로 중요한 존재감을 뜻하는 헨델의 수식어랍니다. 이 곡은 헨델의 다른 곡에 비해 대중적으로 덜 알려져 있는 작품입니다.

음악의 어머니, 헨델

헨델은 독일에서 태어나 이탈리아를 거쳐 영국에서 활동한 바로크 시대의 국제적인 작곡가였습니다. 그는 다양한 장르에서 많은 작품들을 남겼는데 그중에서도 오페라와 오라토리오 명작들이 많습니다. 독실한 개신교(루터교) 신자인 헨델의 대표적인 교회음악은 〈메시아(Messiah)〉로 이탈리아어가 아닌 영어로 가사를 붙인 오라토리오였습니다. 헨델의 음악은 밝고 상당히 근대적인 성향이 보입니다. 근대사회가

헨델의 칸타타 〈달콤한 시간에〉는 알토 소프라노를 위한 노래고, 가사는 아주 달콤한 단어들로 사랑을 속삭입니다.

달달함 가득한 돌체라떼와 함께 〈달콤한 시간에〉를 한번 들어 보실까요?

추천 음악 영상 QR코드

명상을 부르는 클래식

'요가'가 일반적인 운동의 하나로 자리 잡으며 '명상'도 꽤 익숙해졌습니다. 현대인들은 명상을 통해 정신 건강을 증진시키거나 스트레스 해소, 온전한 휴식, 심리적 치료를 시도합니다.

옛날 '국민학교' 시절에는 '명상의 시간'이 따로 있었습니다. 명상이라는 단어도 정확히 모를 어린 나이의 학생들에게 눈을 감고 명상을 하라니! 어린이들은 손가락, 발가락, 입술을 꼼지락거리기 바빴죠. 제대로 된 명상을 할 수 있었을까 싶습니다. 눈을 감고는 '이따 친구랑 뭐 하고 놀까', '학교 끝나고 떡볶이를 먹을까', '놀이터를 갈까 말까' 이런 생각들이 가득했겠죠. 그 시대를 살았던 분들이라면 '명상의 시간' 단골 음악으로 느낄 만한 곡들입니다. 음악이 나오면 자연스레 눈이 감길지도 모르겠네요.

백조의 휴식

품위 있는 빼어난 자태로 백조가 유유히 호수를 거닐 듯 느릿한 첼로 선율이 아름다운 곡 〈백조〉입니다. 잔잔한 멜로디가 마음을 차분하게 만들어 평온한 상태를 선사하는 음악입니다. 피아노의 아르페지오는 흐르는 호수의 물살을 표현하는 것 같고 첼로 선율은 백조의 우아한 움직임을 표현하는 것 같습니다. 눈을 감으면 백조의 모습이 그려져 잠시 상념에 잠길 수 있는 음악입니다.

〈백조〉는 프랑스의 작곡가 샤를 카미유 생상스Charles-Camille Saint-Saëns, 1835년 10월 9일~1921년 12월 16일의 〈동물의 사육제〉에 들어 있습니다. 생상스는 매년 2월 중하순경에 열리는 대중적 축제인 사육제에서 영감을 얻었다고 해요. 〈동물의 사육제〉는 다양한 동물들을 음악으로 표현한 작품입니다. 총 14곡인데요, 각각 〈사자〉, 〈닭〉, 〈당나귀〉, 〈거북이〉, 〈코끼리〉, 〈캥거루〉, 〈수족관〉, 〈귀가 긴 등장인물〉, 〈뻐꾸기〉, 〈새〉, 〈피아니스트〉, 〈화석〉, 〈백조〉, 〈피날레〉라는 제목이 있습니다. 사실상 동물은 11가지고요, 모두 등장하는 피날레를 빼면 동물이 아닌 것은 화석과 사람이 있습니다.

〈피아니스트〉에는 '연주자는 초보자가 치는 모양과 그 어색

함을 흉내내야 한다'는 지시가 있습니다. 이 피아니스트는 〈동물의 사육제〉에 등장하는 유일한 인간이지만, 생상스가 '인간도 동물이다'라는 사상을 가졌다고 보는 견해도 있습니다.

〈화석〉에서는 생상스 본인이 작곡한 히트곡인 교향시 〈죽음의 무도〉를 실로폰으로 연주하기도 하고, 주요 주제로 프랑스의 동요 〈작은 별〉로 알려진 모차르트의 변주곡, 로시니의 〈세비야의 이발사〉에서 로지나가 부르는 아리아 선율 등 여러 노래가 차례로 인용되는 재미까지 있습니다.

다른 주제의 작품들도 마치 그 동물들이 살아 움직이듯 음악으로 표현하고 있는데요. 동물의 탈을 쓴 듯 아주 익살스럽고 재미있으며 다른 작곡가들의 유명한 곡들을 차용하는 등 해학적인 면도 있습니다. 하지만 생상스는 생전에 〈백조〉 외에는 발표하지 않았는데요, 본인 자신이 '진지한' 작곡가로 남길 원했기 때문입니다. 작품들에서 보여 준 귀엽고 재미있는 모습들이 가볍게 여겨지거나 논란이 될까 우려했던 것이죠. 그래서 이 작품은 결국 생상스 사후에야 출판되었습니다. 〈백조〉라는 작품은 예외였던 만큼 진지하고 서정적이며 아름다운 곡이랍니다.

추천 음악 영상 QR코드

타이스의 고민과 갈등

배경은 이집트의 나일강변입니다. 화려하고 방탕하며 향락에
젖어 있지만 아름다운 여자, 타이스(Thais)가 그 주인공이죠. 선
교를 위해 이곳에 온 수도승 아타나엘(Athanaël)은 타이스를 만
나게 되고 그녀에게 허황된 쾌락을 버리고 회개 후 신앙을 가지
라고 권유합니다. 아타나엘의 회유에 감동을 받고 변하는 듯하
던 타이스, 그러면서도 그녀는 그를 유혹합니다. 아타나엘은 타

이스의 아름다움에 마음이 흔들리지만 이내 자제하며 타이스를 다시 신앙의 길로 인도하고자 합니다.

이렇게 제1막이 끝이 나며 타이스는 고민에 빠집니다. 방탕한 생활을 버리고 신앙의 길로 가느냐 마느냐 망설이는 것이죠. 타이스의 갈등을 표현해 주는 듯 흘러나오는 바이올린 선율, 〈타이스의 명상곡(Meditation de Thais)〉이 연주됩니다. 타이스는 여기서 큰 결심을 하죠! 그녀는 어떤 결정을 내렸을까요?

프랑스 작곡가 쥘 에밀 프레데리크 마스네Jules Émile Frédéric Massenet, 1842년 5월 12일~1912년 8월 13일의 오페라 〈타이스〉의 스토리입니다. 마스네는 프랑스 오페라계에 큰 획을 그은 인기 작곡가입니다. 〈마농(Manon, 1884)〉, 〈베르테르(Werther, 1892)〉, 〈타이스(Thaïs, 1894)〉와 같이 프랑스 '국민 오페라' 작품들을 비롯해 25편의 오페라를 남겼습니다. 마스네 오페라의 특징은 대부분 여성이 주인공이며 여성의 심리를 세심하고 감각적으로 잘 표현하고 있다는 점입니다. 오페라 〈타이스〉에서도 그렇습니다.

이 내용은 노벨문학상 수상자인 프랑스의 문호 '아나톨 프랑스(Anatole France)'의 동명 소설을 바탕으로 '루이 갈레(Louis Gallet)'가 쓴 것입니다. 약 4세기경 이집트를 배경으로 하고 있으며 이교도이면서 향락에 빠진 여주인공 타이스와 그녀의 개

종을 이끄는 기독교의 수도승 아타나엘의 이야기에서 욕망과 신앙 사이의 갈등을 그린 작품이자 비극적인 사랑을 그린 작품입니다.

〈타이스의 명상곡〉은 오페라에서 제2막 1장과 2장 중간에 연주되는 간주곡으로 아름답고 서정적인 멜로디가 일품입니다. 바이올리니스트라면 한 번쯤 연주해 봤을 법한 명곡이며 높은 음역대의 바이올린과도 아주 잘 어울려 주인공의 여성성과 아련함을 표현해 줍니다. 타이스가 고민과 갈등 속에 있을 때 연주되었던 이 곡, 타이스가 갈등하며 답을 찾아가듯, 무언가 고민과 갈등 속에서 명상의 시간이 필요하다면 이 곡을 들어 보는 것도 좋을 것입니다.

추천 음악 영상 QR코드 

오페라의 뒷이야기

타이스는 아타나엘의 진실한 마음에 변화를 받아 함께 나일강변의 수도원으로 떠나기로 합니다. 타이스는 과거를 참회하며 자신의 어리석음을 청산하고자 자기 집에 불을 지르고 알렉산드리아를 빠져나갑니다. 밤새 테베 사막을 걷고 걸어 수녀원장에게 타이스를 맡기고 이별하는 아타나

엘. 그는 타이스를 뒤로한 채 더 이상 아름다운 타이스의 모습을 보지 못
한다는 사실과, 속세에서의 사랑을 버려야 하는 괴로움에 힘들어합니다.
어느 날 꿈속에서 죽어 가는 타이스의 모습을 본 아타나엘은 수녀원으로
달려갔고 타이스는 정말로 죽어 가고 있었습니다. 극심한 인내와 금식
회개로 인해 그녀의 건강이 모두 망가져 버린 것이죠. 아타나엘은 타이
스가 죽지 않기를 애원하며 눈물을 흘리지만 속세에서의 열정과 생기를
잃어버린 그녀는 결국 눈을 감고 맙니다.

눈을 감고 푸른 초원으로

초록은 눈에 피로를 가장 적게 주고 편하게 인식되는 색이라고 해요. 채도와 명도가 낮아서 눈이 해야 할 일을 줄여 주고, 시야를 넓게 쓰지 않아도 되기 때문이죠. 또한 긴장을 완화시켜 주고 혈압을 낮추기도 하며 교감신경계에 최면제 작용을 하며 모세혈관을 확장시킵니다. 초록빛 클래식 음악과 함께, 저 푸른 초원으로 가 볼까요?

Out of Africa

압도적으로 펼쳐지는 광활한 아프리카, 그 사바나의 끝없이 펼쳐진 대초원과 뜨거운 태양에 아지랑이 피어오르는 그곳에서 평화로이 앉아 있는 암사자, 석양을 뒤로하고 무리 지어 달리는 얼룩말과 코뿔소, 물가엔 핑크 빛 홍학 떼가 날개를 펍니다. 그 뒤로 풍성하고 감미로운 음색의 클라리넷 소리가 가슴을 울립니다.

영화 〈아웃 오브 아프리카(Out of Africa)〉의 장면들이지요. 1985년에 미국에서 제작하고 개봉된 영화로 덴마크 소설가 '카렌 블릭센Karen Blixen, 1885년 4월 17일~1962년 9월 7일'의 자전적 소설을 바탕으로 만들어진 작품입니다. 아프리카 대자연의 아름다움과 광활함을 비행 촬영을 통해 보여 주면서 많은 이들에게 감동을 남겼죠. 이듬해 아카데미 시상식에서 다양한 부분의 상을 휩쓸었습니다. 특히 촬영상과 음악상을 받을 만큼 시각적으로도, 청각적으로도 아름다운 연출이 돋보입니다.

덴마크 출신의 여성 작가, 대단한 부잣집 딸이었던 카렌이 케냐에 있는 커피 농장으로 가게 되며 거기서 만나는 아프리카 사람들, 약혼자 브로와의 결혼, 첫눈에 반한 남자 데니스, 전쟁, 기다림과 아픔, 이혼, 죽음 등… 카렌의 파란만장한 삶과 사랑을 이야기에 담았습니다. 결말은 안타깝고 비극적일 수도 있지만 등장인물들의 성숙과 평등을 보여 주는 의미 있는 영화입니다. 실제 주인공이 고향으로 돌아가 아프리카에서의 생활을 정리한 소설이 바로 이 영화의 동명의 원작 〈아웃 오브 아프리카〉입니다. 많은 등장인물이 실존 인물이기도 합니다.

영화를 이끌고 있는 음악은 모차르트의 〈클라리넷 협주곡(W. A. Mozart Clarinet Concerto in A Major, K. 622)〉 2악장입니다. 이 곡은 모차르트가 오스트리아 빈 궁정악단의 클라리넷 연주자였던 안톤 슈타들러를 위해 작곡한 곡입니다. 그리고 이 곡은 모차르트가 죽기 약 두세 달 전에 작곡되었어요. 미완성 곡이었던 〈레퀴엠〉을 빼면 사실상 죽기 전 마지막 작품이라고도 할 수 있죠. 말년의 모차르트가 마치 자신의 운명을 직감하고 작곡한 것처럼 담담하면서도 묘한 분위기가 느껴지는 것 같습니다. 많은 어려움과 고통 속에서 작곡했음에도 정말 아름답고 우아하고 평화로운 곡입니다.

클라리넷

클라리넷 협주곡은 클라리넷이 주인공인 곡입니다. 클라리넷은 정말 풍성하고 아름다운 음색에, 폭넓은 음역으로 다양한 장르의 음악에 사용되는 목관 악기입니다. 최근에는 많은 분들이  취미로 연주를 하죠. 일자로 곧은 원통관에 달린 구멍을 패드로 눌러 음정을 조절하고, 마우스피스에 달린 홑 리드, 싱글리드(single-reed)를 불어 소리를 냅니다. 관악기 중 폐관(閉管)에서 공기의 진동으로 소리를 내는 유일한 악기인데요. 그래서 같은 길이라도 개관(開管)형 악기인 플루트나 리코더에 비해 옥타브가 낮은 음(基音)을 가지고 있습니다. 배음이 강하게 나오기 때문에 관 길이는 짧지만 음역의 폭이 아주 넓은 악기죠. 클라리넷은 18세기 초 독일과 프랑스에서 사용되다 점차 발전, 개량되었습니다. 오늘날 일반적으로 사용하는 클라리넷은 19세기에 개량된 것입니다.

클라리넷은 크기와 음역에 따라 여러 종류가 있습니다. 오늘날 일반적으로 사용하는 클라리넷은 B♭조(key)와 A조 두 가지입니다. 다양한 종류의 클라리넷 중 B♭조와 A조가 살아남은 이유는 가장 알맞은 음질과 음역을 지녔기 때문이죠. A조는 부드럽고 감미로운 음색을, B♭조는 화려한 음색과 풍부한 표현력이 특징입니다.

추천 음악 영상 QR코드

초원의 빛

초원에서 머리를 쉬게 하고
풀이 자라는 소리를 들어 봐

푸른 언덕으로 가
차들이 드문드문 멀어져
낮에는 빛으로 가득 차고
밤에는 별들을 볼 수 있어

삶이 지나가고 있었어 너무 빠르게

추천 음악 영상 QR코드

하버드 출신 피아니스트 토마스 로더데일을 중심으로 미국 포틀랜드에서 결성된 12인조 재즈밴드 '핑크 마티니(Pink Martini)'의 〈초원의 빛(Splendor in the Grass)〉이라는 노래의 가사 일부입니다. 편안하고 감미로운 목소리와 함께 '좀 더 여유를 가지고 초원에서 머리를 쉬게 하라'는 가사는 마음을 차분하게 해 줍니다.

'핑크 팬더'와 '티파니에서 아침을'을 합친 재미있는 이름의 이 밴드는 피아노, 바이올린, 하프, 트럼펫, 베이스, 드럼 등 다양한 악기로 구성되어 다양한 언어와 장르로 노래해 예술성과 대중성을 함께 보유한 뮤지션 그룹입니다. 클래식, 팝, 라틴, 재즈 등의 여러 가지 장르를 크로스오버한, 특별하고 재미있는 음악들을 많이 만들고 있어요. 〈초원의 빛〉에서도 클래식 음악을 샘플링한 간주 부분이 일품입니다. 간주에 차이코프스키의 〈피아노 협주곡 제1번〉을 거의 그대로 삽입해 더욱 웅장하고 아름다운 초원을 표현해 줍니다.

〈피아노 협주곡 제1번〉은 차이코프스키가 모스크바 음악원

교수로 재직한 지 9년째 되던 해인 1874년에 작곡된 곡입니다. 당시 모스크바 음악원의 원장인 니콜라이 루빈스타인에게 존경의 의미를 담아 그의 첫 피아노 협주곡을 헌정하면서 초연을 부탁하게 됩니다. 악보를 받은 루빈스타인은 "협주곡의 상식에서 벗어난 졸작"이라고 혹평을 하고 수정을 좀 하면 맡아 주겠다고 이야기합니다. 차이코프스키는 이 말에 자존심이 상했고 상처도 받았으며 화가 크게 났죠. 그는 루빈스타인에게 헌정하는 것은 없었던 일로 하고 독일의 피아니스트인 한스 폰 뷜로에게 다시 초연을 부탁합니다. 반면 뷜로는 루빈스타인과는 반대로 오히려 "정말 멋진 곡"이라면서 아주 호평에 호평을 더하는 것이 아닙니까! 당시 미국에 있었던 뷜로는 이 곡을 보스턴 심포니 오케스트라와의 협연으로 초연했고 엄청나게 성공적인 공연을 하게 됩니다. 이러한 성공 이후 루빈스타인은 차이코프스키에게 사과까지 하게 되지요. 루빈스타인의 평가에 분명 낙심하였지만 차이코프스키는 자신의 작품에 믿음을 가지고 포기하지 않고 문을 두드렸던 것이죠. 그랬기에 이러한 대작이 세상에 나올 수 있었습니다. 초연 이후에 약간의 개정을 통해 15년 후인 1889년, 지금의 최종본이 완성되었습니다.

이 곡은 웅장하고 거침없는 인트로를 시작으로 〈초원의 빛〉 간주곡에 나오는 감미로운 메인 선율이 가슴을 흔들며 드라마틱한 오케스트라와 피아노의 전개가 몸을 흔들게 합니다. 화려하면서도 테크니컬한 피아노 연주와 이를 풍성하게 뒷받침해 주는 오케스트라의 꽉 찬 조합에 소름이 끼치도록 짜릿하며 심장을 쫄깃하게 만들어 줄 것입니다. 원곡을 들어 보실까요?

추천 음악 영상 QR코드

달빛의 품속에서 포근한 잠을

진정한 휴식은 뭐니 뭐니 해도 '꿀잠'이지요. '잠이 보약'이라는 말도 있잖아요. 질 좋은 수면은 우리 몸에 아주 중요한 역할을 합니다. 피로 회복, 면역력 강화, 집중력과 기억력의 향상, 비만 방지, 피부 개선 등 검색하면 줄줄이 나오지요. 어쩔 수 없이 자는 것 말고 좋은 수면, 즉 숙면을 하려면 어떻게 해야 할까요?

의학적으로 여러 좋은 방법이 있겠지만 취침 전 음악 듣기도 방법 중 하나입니다. 하지만 음악이 오히려 수면을 방해한다는 주장도 있지요. '좋다'는 쪽의 과학적인 근거는 취침 전 음악이 스트레스 호르몬인 '코르티솔'의 분비를 줄이고 즐거울 때 생성되는 '도파민'을 분비시켜 더 깊은 잠에 빠질 수 있게 한다는 겁니다. 웅장하고 화려하고 다이내믹한 클래식 곡들은 오히려 숙면에 방해가 될 수 있겠죠. 한 논문에 의하면 음량 변화가 많지 않은 잔잔한 음악이 숙면에 도움이 된다고 합니다. 몇 곡을 소개해 봅니다.

달빛의 노래

"한밤중 캄캄한 여름 호숫가에 달빛이 어슴푸레 비추며 잔잔한 물결이 일렁일렁, 반짝반짝, 구름이 가리워 어스름한 달무리는 점점 흩어진다. 이내 방긋 환한 미소로 금빛 오로라를 뿜어내며 호수를 가득 채운 둥근달은 나에게 속삭인다. 자장자장, 바람의 손을 빌려 이마에 송글송글 맺힌 이슬을 훔치며 살포시 눈을 감겨 준다. 한여름에 잠이 참 달다."

몇 년 전 어느 해 여름, 귀에 이어폰을 꽂고 이 음악을 들으며 합천호에 내린 달빛 아래서 써 보았던 글입니다. 누구나 절로 감성에 젖게 만드는 곡, 밤중에 들으면 더 좋은 음악을 소개합니다.

앞서 '딸 바보'로 소개했던 프랑스의 인상주의 작곡가 클로드 드뷔시의 〈달빛(Clair de Lune)〉입니다. 드뷔시의 초기 피아노 곡집 〈베르가마스크 모음곡〉에 수록된 곡 중 제3곡입니다. 〈달빛〉이라는 곡명은 '폴 베를렌'의 시 〈달빛〉 속의 한 구절을 인용한 것입니다.

그대의 영혼은 선택된 하나의 풍경
그 위에 가면들과 베르가마스크가 매력적으로 보이네

류트를 연주하고 춤을 추며

마치 환상적인 분장 아래서 슬픈 듯이

의기양양한 사랑과 때를 맞은 인생을

단조로 노래하면서도

그들은 저들 행복을 믿지 않는 것 같고

노래는 달빛에 섞이네

(후략)

– 폴 베를렌, 〈달빛〉

인상주의는 프랑스를 중심으로 일어난 근대 예술 운동으로 미술에서부터 시작했습니다. 보이는 그대로가 아니라 주관적인 '인상'에 따라 그리는 화풍입니다. 이것을 음악에도 반영한 것이죠. 드뷔시는 근대 음악 사상에서 아주 혁신적인 인물이자 인상주의 음악의 시조로 프랑스를 대표하는 인상주의 작곡가입니다.

〈달빛〉이 수록된 〈베스가마스크 모음곡〉도 후기 낭만주의 특유의 아름답고 서정적인 분위기가 돋보이면서도 풍부한 화음과 몽환적인 색채로 인상주의적 경향을 보여 줍니다. 이 곡은 드뷔시가 23세였던 1890년에 작곡했는데 바로 출판하지 않았고 1905년에서야 출판되었답니다. 이는 그가 젊었을 때 작곡한 작품들의 한계를 느끼고 오랜 시간 고심과 수정을 거쳤다는

진중함이 엿보입니다. 총 4개의 모음곡으로 각각 〈1. 프렐류드
(Prélude)〉, 〈2. 미뉴엣(Menuet)〉, 〈3. 달빛(Clair de Lune)〉, 〈4.
파스피에(Passepied)〉라는 제목이 붙었습니다.

드뷔시의 〈달빛〉을 들으며 아름다운 달빛에 취해 달콤한 잠
을 청해 볼까요?

추천 음악 영상 QR코드

천국의 자장가

잘 자라 내 아기 내 귀여운 아기
아름다운 장미꽃 너를 둘러 피었네
잘 자라 내 아기 밤새 편히 쉬고
아침이 창 앞에 찾아올 때까지

아기를 위해 부르는 자장가는 집집마다 다르겠지만 보통 자
장가를 들으면 나도 모르게 마음이 편해지고 스르륵 눈이 감깁
니다. 실제 음악심리학이나 음악치료학에서도 자장가는 내담자
들에게 심리적 편안함과 안정된 정서를 제공할 수 있기에 중요
하게 여깁니다. 자장가는 성인의 숙면에도 긍정적인 작용을 하

기 때문이죠.

자장가에는 동요나 구전 민요도 많은데, 모차르트, 슈베르트, 브람스와 같이 저명한 음악가들이 작곡한 자장가들은 세계적으로 지금도 많이 불리고 있습니다. 그중 초등학교 교과서에도 나오고 '홍난파'가 가사를 번역하여 많이 불리게 된 자장가, 브람스의 〈자장가〉를 소개합니다.

독일의 작곡가이자 피아니스트, 첼리스트이자 바이올리니스트, 또 지휘자였던 요하네스 브람스_{Johannes Brahms, 1833년 5월 7일~1897년 4월 3일}의 〈자장가〉는 1868년 완성한 〈5개의 가곡(5 Lieder, Op. 49)〉 중 네 번째 곡으로, 브람스 가곡 중 가장 유명하고 클래식 자장가 중에서도 가장 대표적인 곡입니다.

브람스는 미혼이었기에 자신의 자녀를 위한 곡은 분명 아니었고, 1857년부터 3년간 함부르크 여성 합창단을 지휘했을 시절 친하게 지냈던 단원 베르타 파버(Berta Faber)를 위해 만든 곡입니다. 베르타는 둘째 아들을 낳고 브람스의 이름을 따서 아기 이름을 '요하네스'라 지을 정도로 친하게 지냈던 사이였습니다. 브람스는 베르타와 아기 '요하네스'를 위해 곡을 쓰기로 결심하고 베르타가 즐겨 부르던 빈 왈츠풍의 노래를 바탕으로 자장가를 작곡하였습니다.

3B의 브람스

19세기 피아니스트이자 지휘자 '한스 폰 뷜로'는 브람스를 요한 제바스티안 바흐, 루트비히 판 베토벤과 더불어 "3B"로 칭했습니다. 그만큼 이름이 B로 시작하는 이 음악가들이 음악사에서 손꼽을 정도로 중요한 인물임을 알려 줍니다.

브람스는 피아노곡뿐 아니라 실내악, 교향악, 성악, 합창곡 등을 다양하게 작곡했습니다. 피아니스트로서 자신의 작품들을 연주하기도 했고 피아니스트 클라라 슈만, 바이올리니스트 요제프 요하임과 함께 당대의 뛰어난 연주자로 활동하기도 했습니다. 브람스는 완벽주의자라고 할 만큼 출판된 음악의 완성도가 높았으며, 바로크와 고전파에 뿌리를 두면서 화성과 음색의 새로운 시도를 통해 후대 음악가들에게 많은 영향을 끼쳤습니다.

브람스의 작품은 아름답고 서정적이지만 고전적 양식에 기초해 '독일적'인 색깔을 지녀 보수적인 성향을 보입니다. 4개의 교향곡은 베토벤의 교향곡들만큼 걸작으로 평가받고 있으며 협주곡 및 피아노곡들은 현대에도 자주 연주되고 있습니다. 대표작으로는 〈헝가리 무곡〉, 〈클라리넷 5중주곡〉, 〈대학 축전 서곡〉, 〈비극적 서곡〉 등이 있습니다.

가사 1절은 독일의 시인, 아힘 폰 아르님과 클레멘스 브렌타노가 쓴 《어린이의 이상한 뿔피리(Des Knaben Wunderhorn)》라는 민요집에서 가져왔습니다. 이 노래가 인기를 끌자 2절의 요청이 강력해 추후 2절을 추가했는데, 2절 가사는 독일의 작가, 게오르그 쉐러의 《독일 어린이 그림 동화(Illustriertes deutsches Kinderbuch)》에서 가져와 완성했습니다. 우리가 흔히 부르는 서두의 가사는 홍난파가 번역한 가사이며, 현대에 번역된 1, 2절 가사는 다음과 같습니다. 자장가를 들으며 꿀잠을 청해 보세요.

잘 자라, 잘 자라, 장미와 패랭이꽃으로 꾸민 이불 속으
로 들어가서
내일 아침 일찍, 신이 원하시면 너는 다시 깨어나리.
잘 자라, 잘 자라, 아기 천사의 보호를 받으면서
천사들은 꿈에서 너에게 크리스마스트리를 보여 줄 거야.
그러니 이제 행복하고 편안하게 잠들렴. 꿈속에서 천국
을 구경하렴.
행복하고 편안하게 잠들렴. 꿈속에서 천국을 구경하렴.

추천 음악 영상 QR코드 

GATE D

사랑의 문:
사랑이 느껴지는 클래식

사랑이 인사하는 법

사랑이 시작되면 온 세상이 아름다워 보이고 그 사람만 생각하면 설레고 두근거리고 절로 웃음이 지어집니다. 바라보기만 해도 가슴이 간질간질하고 손발이 오글거려지는 그런 때, 다들 있었죠? "사랑과 기침은 숨길 수 없다"는 말처럼 숨기고 싶어도 표정에서 행동에서 나도 모르게 뿜어져 나오는 사랑의 기운, 그런 감정과 마음이 들 때, 음악 예술가들은 얼마나 더 창작 욕구가 불타오르겠습니까? 이번엔 사랑 이야기, 함께하시죠!

사랑의 인사, 약혼 선물

〈'사랑'의 인사〉라니! 제목부터 너무나 사랑스럽지 않나요? '사랑이 인사한다'는 말 자체가 너무나 시적이고 아름답습니다. 이 곡은 사랑에 빠진 남자 '엘가'가 사랑하는 여인 '앨리스'에게 약혼 선물로 바친 곡입니다.

지금은 영국을 대표하는 위대한 음악가로 알려져 있지만 엘가에게도 젊고 가난했던 무명 시절이 있었습니다. 엘가는 생계를 위해 귀족 가문의 딸인 앨리스에게 피아노를 가르치는 일을 하게 됩니다. 두 사람이 함께하는 이 피아노 레슨 시간 동안 음악 실력뿐 아니라 사랑도 싹틔우게 되었죠. 하지만 이들의 사랑이 순탄하지만은 않았습니다. 두 사람의 신분 차이가 있던 데다 앨리스는 엘가보다 9살이나 연상의 여인이었어요. 그러니 당시 집안에서는 두 사람의 결혼을 완강히 반대했죠. 그럼에도 불구하고 두 사람의 사랑을 누구도 막을 수는 없었습니다. 남몰래 약혼식을 올리며 앨리스는 엘가에게 시를, 엘가는 앨리스에게 자작곡을 주었는데, 그때 앨리스에게 주었던 곡이 바로 〈사랑의 인사〉입니다.

추천 음악 영상 QR코드

사랑의 운명을 따랐던 그 남자, 에드워드 엘가Edward Elgar, 1857년 6월 2일~1934년 2월 23일, 그는 후에 영국 최고의 작곡가로 거듭납니다. 이윽고 앨리스와 결혼한 엘가는 런던으로 이주하여 아내의 따뜻한 격려와 내조로 음악 창작에 몰두할 수 있었습니다. 그렇지만 결혼하자마자 엘가가 음악가로 바로 성공했던 것은 아닙니다. 엘가가 세상에 알려지기까지는 10년이라는 세월이 걸렸어요. 그동안 사랑과 믿음으로 인내한 아내가 함께해 주었기에 결국 엘가는 위대한 음악가로 우뚝 서게 되었습니다.

조금 더 알고 가기 Note

영국을 대표하는 작곡가, 엘가

지금까지 함께 살펴보았던 작곡가들은 유럽 국가들 중에서도 오스트리아, 독일, 이탈리아, 러시아 태생이 많았죠. 영국 클래식 작곡가, 하면 기억나는 분이 있나요? 보통 헨델을 많이 꼽는데, 엄밀히 말하면 헨델도 독일 출생으로 후에 영국으로 귀화했기 때문에 영국 출신 작곡가라 할 순 없습니다. 19세기 이전까지 눈에 띄는 작곡가를 배출하지 못했던 영국은 '엘가'로 인해 비로소 자랑할 만한 세계적인 작곡가를 탄생시킨 것이죠. 한때는 변호사 사무실에 근무했던 법률가 지망생이었지만 좋아하는 음악을 독학으로 공부해 결국 영국의 자랑이자 가장 대표적인 작곡가, 세계적인 작곡가가 되었습니다.

음악가와 법학도의 관계

엘가가 변호사 사무실에 근무했던 것처럼 슈만, 차이코프스키, 스트라빈스키 외에도 텔레만, 시벨리우스 등의 작곡가들이 신기하게도 법학과 관련이 있었죠. 그들은 부모님의 권유에 의해 법대를 갔다가 결국 자신이 좋아하는 음악의 길을 찾아가게 되었죠. 우스갯소리로 법대를 한 번 다녀오는 것은 훌륭한 작곡가들의 루트와도 같다고 말하기도 합니다.

엘가는 영국인답게 중후하고 견고한 구성의 음악적 성향을 보이며 오라토리오나 칸타타와 같은 대작을 포함하여 멋진 관현악곡들을 많이 작곡했습니다. 화려함보다도 풍요롭고 서정적이며 아름다운 화성을 보여 줍니다. 대표적인 곡으로는 영국 제2의 국가처럼 사랑받는 작품으로 〈희망과 영광의 나라〉 중 〈위풍당당 행진곡〉이 있지요. 이는 영국 에드워드 7세의 대관식에 사용할 음악을 작곡해 달라는 부탁으로 탄생한 곡입니다. 지금도 졸업식이나 특별한 행사에서 많이 사용되고 있으며, 가사 또한 조국 땅을 사랑한다고 말하는 내용으로 영국인들을 애국심에 불타오르게 만드는 곡이라고 합니다. 엘가는 국제적인 명성을 떨쳤으며 오래도록 부진했던 영국 클래식 음악 부흥에 공이 크다는 평가를 받습니다.

추천 음악 영상 QR코드

이렇게 승승장구하던 엘가는 1920년 아내 앨리스를 먼저 떠나보내게 됩니다. 아내가 세상을 떠나자 엘가는 우울증에 빠졌고 그 후 작품 활동을 거의 하지 않았습니다. 사랑으로 함께했던 아내 앨리스를 잃은 상실감은 그녀를 통해 얻었던 힘과 영감까지 잃게 했는지도 모릅니다. 결국 점점 허약해진 엘가는 대장암으로 1934년 77세에 아내가 있는 곳으로 떠나게 됩니다.

저녁의 인사, 세레나데

"줄리엣, 창문을 열어 주오!"

세계 고전 문학 중에서 원조 연애물이라 할 수 있는 셰익스피어의 희곡, 가장 사랑받는 비극, 〈로미오와 줄리엣〉에서 로미오의 대사지요. 작품의 배경은 이탈리아의 베로나(Verona) 공국입니다. 원수 같은 두 귀족가인 몬태규와 캐플릿 가문의 아들, 딸이 서로 사랑하게 되며 벌어지는 비극적인 사랑 이야기입니다. 어려운 상황에도 어떻게든 만나려고 발코니 창가 앞에 몰래 찾아가 줄리엣을 애타게 부르는 로미오의 모습이 그려지지요. 유럽의 건축물에는 돌출형 발코니가 많기 때문에 여러 이야기에서 남자 주인공이 사랑을 고백할 때나 상대를 보려고 무작정 찾아가는 곳의 배경이 됩니다.

사랑하는 사람의 집 창 밑에서 사랑을 고백하고 표현하기 위해 부르는 노래를 '세레나데(Serenade)'라고 합니다. 이탈리아어로는 '저녁의 음악'이라는 뜻을 가지고 있는데, 한자로는 소야곡(小夜曲)이라고 하고 독일어로는 아이네 클라이네 나흐트무지크(Eine Kleine Nachtmusik)라고 하는데요. 모차르트의 〈아이네클라이네 나흐트무지크(현악 세레나데 G장조, K. 525)〉가 워낙 유명해지다 보니 독일어 이름 자체는 모차르트의 이 작품을 대명사로 쓰는 경우가 많습니다. '세레나데'는 17~18세기 이 탈리아에서 기원했고 원래는 연인의 창가, 저녁, 야외에서 하던 파티에서 연주되는 가벼운 연주곡이었는데 시간이 흘러 연주회 용 악곡으로 자리 잡게 됩니다.

추천 음악 영상 QR코드

저녁에 연인의 창가에서 부르는 노래라⋯ 이미 로맨틱한 감 성이 충만해집니다. 독립된 세레나데이자 가곡으로 세레나데 중 가장 유명한 슈베르트의 〈세레나데〉를 소개합니다. 이 곡은 세레나데의 정석이 아닐까 합니다. 사랑하는 이를 부드럽게 부 르며 애수에 젖어 촉촉하고 따스한 목소리로 사랑을 속삭이는 노래니까요. 번역된 가사와 함께 한번 들어 보세요.

추천 음악 영상 QR코드

부드럽게 간청하는 나의 노래들은
어두운 밤을 뚫고 그대를 향하네
고요한 숲속에서부터 그대로 향하네
사랑하는 그대여, 내게로 오시오!

가는 우듬지는 살랑이며 속삭이네

달의 광채 아래서

혹여나 웬 녀석이 우리를 엿들을까는

전혀, 나의 사랑, 걱정하지 마시오

뿜어져 나오는 나이팅게일의 소리가 들리지 않는가?

아! 그대에게 간청하는 소리,

달콤한 음색의 탄식으로

나 대신 그대에게 간청하네

그들은 가슴의 동경을 알고 있기에,

사랑의 고통을 알기에,

은방울 같은 음색으로 감동케 하네

이 모든 가녀린 마음들을

그들이 그대의 마음 또한 움직이게 해 주오

나의 사랑이여, 나의 노래를 들으시오!

떨리는 맘으로 그대만 기다리네!

오시오, 나를 달래 주시오!

재능을 흠모한 위작

멘델스존의 〈봄의 노래〉나 비발디의 〈사계〉만큼 '휴대폰 통화 연결음'에 많이 사용되는 하이든의 〈현악4중주 제5번〉 중 2악장 '세레나데'라는 곡이 있습니다. (String Quartet in F major, Op. 3 No. 5, 2nd Mvt. 'Andante cantabile(Serenade)')

고전파 시대를 대표하는 오스트리아의 음악가 프란츠 요제프 하이든Franz Joseph Haydn, 1732년 3월 31일~1809년 5월 31일은 당대에도 엄청나게 유명했던 작곡가였습니다. 위대한 작곡가 베토벤도 하이든을 일부러 찾아가 레슨을 받을 정도였어요. 하이든은 명작뿐 아니라 다작으로도 유명합니다. 106곡의 교향곡, 68곡의 현악4중주곡 등을 작곡했고, 그 외 다양한 장르의 많은 작품들이 남아 있습니다. 하이든은 고전파 시대 기악곡의 전형을 만들었지요. 특히나 기악곡 제1악장에서의 소나타 형식을 완성해 음악사에 큰 공헌을 했습니다. 말년에 작곡한 2개의 오라도리오와 미사곡 〈천지창조(天地創造)〉, 〈사계(四季)〉에서도 뛰어난 업적을 엿볼 수 있습니다.

하이든의 현악4중주 '세레나데'는 사실 위작 논란이 있었습니다. 당시 하이든에겐 팬들도 많았는데요. 그중에서도 하이든을 존경하고 열광적으로 좋아했던 골수팬이자 독일 베네딕토 수도회 소속 신부였던 로만 호프슈테터(1742~1815)라는 사람이 있었습니다. 로만은 하이든의 음악을 좋아했던 것을 넘어서 하이든의 음악 스타일을 카피하기까지 합니다. 여기서 끝났으면 좋았을텐데 카피한 스타일의 음악을 당시 유명했던 하이든의 작곡한 곡이라고 속여 악보를 만들어 팔았다는 것이죠. 사기라고 볼 수 있는 범죄임에도 불구하고 하이든은 그 행동에 분노한 것이 아니라 그만큼 자신을 좋아했다는 것에 감동을 받았다고 합니다. 오히려 하이든은 로만이 쓴 이 곡이 본인의 스타일대로 잘 만들어졌다고 자신의 악보집에까지 넣어 주었죠. 결정적으로 1965년 옥스퍼드 대학교수팀이 연구한 결과 Op. 3의 6곡은 호프슈테터의 작품이라고 발표하게 되며 이 곡은 호프슈테터의 작품이라는 것이 정설로 굳어졌습니다.

누가 진짜 작곡가이든 2악장 '세레나데'는 너무나 아름다운 선율의 밝고 경쾌한 분위기가 가득 담겨 있는데요. 연주곡이지만 마치 세레나데를 부르는 누군가가 그려지기도 합니다. 이렇게 아름다운 멜로디로 인해 '세레나데'라는 애칭이 붙게 된 악장이고요. 원래 2악장에는 'Adagio Cantabile'라고 붙여 있는데요, '아주 느리게, 노래하듯이'라는 뜻입니다. 제1바이올린이 우아하고 아름답게 노래하고 다른 악기들은 피치카토(현악기에서 활 대신 손가락을 뜯어서 연주하는 주법)로 반주를 하는데 마치

하프나 기타, 타악기 소리 같기도 합니다. 특히나 바이올린이
주도하며 진행되는 스타일이 하이든의 작곡 스타일이 아니라는
점에서 위작설에 더 힘이 실렸던 부분이기도 합니다.

추천 음악 영상 QR코드 

사랑의 기쁨을 표현해 드려요

여: "내가 왜 좋아?", "내 어디가 좋아?"
남: "그냥 좋아! 널 사랑하는 덴 이유가 없어", "그냥 다
　　좋아."

조금 오글거리는 연인의 대화입니다만, 사실 연애 시절 주고
받았던 실제 대화였답니다. 이번 글을 어떻게 시작해야 하나 고
민하다, 사랑꾼 그 남자에게 또다시 물어보았습니다.

여: "사랑의 기쁨이 뭐라고 생각해?"
남: "사랑 자체가 기쁨이지!"

그렇습니다. 사랑 자체가 기쁨이더라고요. 사랑은 굉장히 복
합적인 감정이지만 가장 대표적인 감정은 '기쁨'인 것 같습니다.
사전적 의미로 '즐거운 마음이나 느낌'이라는 기쁨의 어원 '깃'
은 노래하는 즐거운 상황을 표현하는 단어라고 합니다. 사랑할

때 느끼는 기쁨은 노래가 절로 나오는 상태가 아닐까요? '사랑의 기쁨'이라는 제목은 음악뿐만 아니라, 시, 영화, 드라마 등 다양한 예술 작품에서 볼 수 있습니다. 음악가들은 그것을 어떻게 표현했는지 한번 알아보시죠.

크라이슬러의 '사랑의 기쁨(Liebesfreud)'

실력과 외모와 부를 겸비한 멋진 남성 바이올리니스트가 있었습니다. 20세기 초 감미로운 음색과 풍부한 표현력으로 바이올린 역사의 큰 획을 그었던 음악가 프리츠 크라이슬러Fritz Kreisler, 1875년 2월 2일~1962년 1월 29일입니다. 오스트리아의 유복한 가정에서 태어나 의사이자 바이올린을 좋아했던 아버지 덕분에 크라이슬러는 최상의 교육을 받으며 음악 활동을 시작할 수 있었습니다. 당시 '사라사테'나 '비엔냐프스키' 등 엄청난 바이올리니스트를 배출했던 '람베르 마사르'에게 바이올린을 배우기도 했지요. 그는 오스트리아 빈 음악원, 프랑스 음악원 등에서 공부하고 최고의 성적으로 졸업한 후, 1888년 11월 10일 뉴욕의 스타인웨이 홀에서 미국 음악계에 데뷔하게 됩니다. 그러고는 다시 오스트리아로 돌아와 가업(家業)인 의학을 배웠습니다. 제1차 세계대전 때는 육군 장교로 참전했고, 바이올린 연주로 모은 돈으로 다친 군인들을 치료하기 위해 기부도 하는 등 미담도 많고 인품도 훌륭했던, 요즘 말로 '엄친아'입니다. 크라이슬러가 가업인 의사를 포기하고 음악을 계속하게 된 것은 '보다 많은 사람에게 봉사할 수 있는 일'이 무엇인가라는 고민에서 내린 결정이라고 합니다.

크라이슬러는 작곡도 꽤 많이 했지만 당시에는 본인이 바이올리니스트, 연주자로서 불리기를 바랐기에 작곡 사실을 외부에 알리지 않았는데요. 그의 대표작인 〈사랑의 기쁨(Liebesfreud)〉, 〈사랑의 슬픔(Liebesleid)〉 또한 처음에는 자신의 작품이라고 말하지 않았습니다. 다른 작곡가의 이름으로 곡을 발표했다가 25년이 흘러서야 본인의 곡이라고 밝혔습니다. 비평가들이 왜 이제서야 사실을 밝히는지 의아해하며 비난했을 때, 크라이슬러는 "이름은 바뀌어도 가치는 그대로 유지됩니다"라며 자신의 곡은 이미 작곡가 네이밍을 불문하고 사랑받고 있으며 곡 자체에 가치가 있다고 대답했습니다.

사랑을 노래하듯 감미롭고 아름다우면서도 기품이 넘치는 이 곡을 누구를 위해 썼을지 참 궁금했습니다. 크라이슬러가 직접 연주한 음반도 남아 있을 만큼 그의 훌륭한 연주에 대한 자료는 많이 있는데 그의 생애나 일상, 특히나 러브스토리에 대해서는 자료가 참 적거든요. 한 가지 알려진 것은 크라이슬러의 아내에 대한 짤막한 언급인데요. 그의 아내는 1901년 미국을 순회하는 동안 만나게 된 여인으로 이름은 헤리어트 라이스(Harriet Lies) 였습니다. 두 사람은 순식간에 사랑에 빠져 1년 만에 결혼했고 크라이슬러가 사망할 때인 1962년까지 60년간 함께했다는 기록입니다. 둘 사이에 자녀는 없었고, 헤리어트는 크라이슬러의 음악 활동을 적극 도왔고 일생을 바쳤다고 합니다. 〈사랑의 기쁨〉이 작곡되었을 시점이 1910년이니 결혼한 지 8년이 되었을 때죠. 따라서 크라이슬러의 단 한 명의 여인이었던 헤리어트가 이 곡에 투영되지 않았을까 추측할 뿐입니다.

〈사랑의 기쁨〉은 한때(2000~2010년) '개그콘서트'라는 TV 프로그램의 '달인'이라는 코너의 배경음악으로도 익숙한 곡입니다. 〈사랑의 기쁨〉은 크라이슬러의 모음곡 〈3개의 빈의 옛 춤곡들(3 Old Viennese Dances)〉 중의 하나로 이외에도 〈사랑의 슬픔(Liebesleid)〉, 〈아름다운 로즈마린(Schön Rosmarin)〉이 있습니다. 이 곡들은 오스트리아 빈 왈츠의 선율들을 토대로 한 '렌들러(Ländler)' 형식으로 만들어졌습니다. 렌들러는 독일의 민속 무곡으로 '시골춤'이라는 뜻입니다. 독일과 오스트리아 사람들이 즐겨 추던 토착춤이었는데 후에 오스트리아의 대표 무곡인 왈츠로 발전하게 된 형식입니다. 4분의 3박자의 가볍고 우아한 왈츠 느낌과 함께 화려한 화음과 생동감 넘치는 진행으로 시작하여 아름답고 서정적인 멜로디가 사랑의 기쁨을 표현해 줍니다.

추천 음악 영상 QR코드 

조금 더 알고 가기 Note

〈사랑의 슬픔〉

크라이슬러의 〈사랑의 기쁨〉과 더불어 사랑받고 있는 〈사랑의 슬픔〉이 있습니다. 크라이슬러 모음곡 〈3개의 빈의 옛 춤곡들〉에 함께 수록되어 있는 곡인데요. 사랑의 '기쁨'만 있으면 좋으련만, '슬픔'이 있을 수도 있지요. 그 슬픔을 아주 잔잔하면서도 서정적이며 애타는 바이올린 선율로 아름답게 표현한 곡입니다. 〈사랑의 기쁨〉과 함께 들어 볼 것을 추천합니다.

추천 음악 영상 QR코드

또한 동시대 러시아 출신 유명 피아니스트 겸 지휘자이자 작곡가였던 세르게이 바실리예비치 라흐마니노프Sergei Vasilyevich Rachmaninoff, 1873년 4월 1일~1943년 3월 28일는 1925년 이 곡을 피아노로 편곡했지요. 피아노의 테크니컬하고 특유의 스타일이 녹아 있어 수많은 피아니스트들이 솔로곡으로 연주하고 있습니다. 라흐마니노프의 편곡 버전도 직접 초연한 후 녹음을 남겼기에 음반으로 들을 수 있답니다.

추천 음악 영상 QR코드

마르티니의 '사랑의 기쁨(Plaisir D'amour)'

"사랑의 기쁨은 한순간이지만 사랑이 지나간 자리의 고통은 영원하다."

크라이슬러는 사랑의 기쁨과 슬픔을 나누어 곡으로 표현했지만 장 폴 에지드 마르티니Jean Paul égide Martini, 1741년 8월 31일~1816년 2월 14일의 〈사랑의 기쁨〉에는 사랑의 끝에 서서 그 사랑의 기쁨과 슬픔을 한 번에 담은 곡입니다. 제목과 선율만큼은 사랑이 넘쳐나고 감미롭지만 역설적으로 가사는 변함없는 사랑을 약속한 애인의 변심을 슬퍼하는 비련의 노래입니다.

사랑의 기쁨은 한순간이지만
사랑의 슬픔은 영원하죠

당신은 아름다운 실비아를 위해 절 버렸고
그녀는 새로운 애인을 찾아 당신을 떠나요
사랑의 기쁨은 잠시 머물지만
사랑의 슬픔은 평생을 함께해요

초원을 흐르는 저 시냇물을 향해
이 물이 끝없이 흐르는 한
"당신을 사랑하리"라고 실비아는 말했었죠
물은 아직도 흐르는데 그녀는 변했어요
사랑의 기쁨은 한순간이지만
사랑의 슬픔은 영원히 남지요

청아하고 고혹적인 목소리의 아테네 출신 가수 '나나 무스꾸리(Nana Mouskouri)'가 불러 잘 알려진 곡인데요. 원작은 18세기의 가곡으로, 독일에서 태어났지만 프랑스 국적을 가진 작곡가 마르티니의 이탈리아어 성악곡이었습니다. 모차르트나 베토벤에 비해 잘 알려지지 않은 작곡가였지만 이 작품(1784년)으로 마르티니는 큰 명성을 얻게 되고 현재까지도 사랑받는 음악입니다.

마르티니는 1764년에 마가렛 카멜롯(Marguerite Camelot)과 결혼했습니다. 그의 사생활에 대해서는 잘 알려진 바가 없는데 작곡 당시 이미 40대가 훌쩍 넘었고, 결혼생활도 20년 가까이 된 시기였기에 개인의 러브스토리가 투영되었다고 볼 수는 없습니다. 마르티니는 당시 교회음악을 비롯해 연극적인 성격을 결합한 음악으로 인기를 끌었는데 이때 '플로랑'이라는 사람이 쓴 짤막한 이야기에서 영감을 받았다고 합니다. 여인의 변심으로 이루지 못한 사랑을 잊지 못한 남자가 사랑의 기쁜 순간을 그리워하며 기쁨에 비해 긴 이별의 슬픔을 겪는 내용입니다. 마르티니는 이를 역설적으로 아름다운 선율과 화음으로 표현했으니 〈사랑의 기쁨〉이라는 제목만 보고 불어 가사를 이해하지 못한다면 그저 아름다운 음악으로만 기억될 것입니다.

추천 음악 영상 QR코드

리스트의 '사랑의 꿈(Liebesträum)'

"사랑할 수 있는 한 사랑하라."

클래식계의 아이돌, 꽃미남 피아니스트, '리스트'의 연애담으로 가 보겠습니다. 23살의 리스트가 파리에서 활동하던 시절,

무려 7살 연상의 유부녀 '마리 다구' 백작 부인을 만나 스위스, 이탈리아 등지를 떠돌며 사랑의 도피 행각을 펼쳤습니다. 두 사람은 아이도 셋이나 낳았지만 10년을 채 넘기지 못하고 결별하게 됩니다. 이후 인기남 리스트는 여러 여성들과 짧은 만남과 헤어짐을 반복하며 염문을 뿌리고 다녔습니다. 몇 년 후 드디어 두 번째 운명의 여인을 만나게 되는데요, 그녀는 바로 우크라이나 키예프의 귀족이었던 '카롤리네 자인 비트겐슈타인' 공작 부인이었습니다. 키예프 투어 연주에서 리스트의 연주를 보고 한눈에 반해 독일까지 먼 길을 달려올 정도로 낭만적인 그녀였죠. 화려한 마리 다구 백작 부인과는 다르게 청초한 매력이 있었던 카롤리네에게 리스트는 흠뻑 빠지게 됩니다.

그 무렵 리스트는 3곡의 가곡을 쓰는데, 시인 '프라일리히라트'의 서정시 〈오, 사랑이여〉에 곡을 붙인 가곡으로 1곡 〈고귀한 사랑〉, 2곡 〈행복한 죽음〉, 3곡 〈사랑할 수 있는 한 사랑하라〉이었어요. 그 후 이 세 가곡을 피아노 독주용으로 편곡해 〈3개의 녹턴〉이라는 제목을 붙입니다. 그중 3번 Op. 64-3이 〈사랑의 꿈〉이라고 불리는 '녹턴'입니다. 이 곡들은 리스트가 카롤리네와 열렬한 사랑에 빠지면서 작곡한 곡이라 할 수 있습니다. 가곡 〈사랑의 꿈〉의 원제목은 〈사랑할 수 있는 한 사랑하라〉이고 다음과 같은 내용입니다.

오, 사랑하라, 사랑할 수 있는 한

오, 사랑하라, 사랑할 힘이 남아 있을 때까지

시간이 오리라, 시간이 오리라

그대가 무덤 옆에서 슬퍼할 시간이 찾아오리라

그대에게 자기 마음을 열어 놓는 자,

오, 그를 위해 그대가 할 수 있는 것을 하라!

그를 항상 기쁘게 하라!

그를 한시도 슬프게 하지 마라

우리네 인생이 젊다고 오래 사는 것도 아니고, 죽음에 순서가 있지는 않죠. 시간이 주어졌을 때 정말 우리가 사랑하는 사람들, 앞으로 사랑할 사람들을 '마음껏 사랑해야겠다'는 생각이 드는 가사 내용입니다. 여러분도 사랑하는 분이 있다면 이 곡처럼, 내일이 또 없을 것처럼 마음을 다해 표현해 보시는 건 어떨까요?

추천 음악 영상 QR코드 

삼각관계, 갈등과 위기 속의 로맨스

"브람스를 좋아하세요?"

매우 유명한 질문입니다. 프랑스의 소설가 '프랑수아즈 사강 (Françoise Sagan)의 소설 제목이자 드라마의 제목이기도 하거든요. 이 질문은 소설 속 매력적인 스물다섯 살 남자 등장인물인 '시몽'이, 오래된 연인이 있던 서른아홉 살의 여자 주인공 '폴'에게 많은 생각을 하게 했던 질문이었습니다. 사랑, 클래식 음악, 로맨티스트, 삼각관계와 같은 키워드를 담은 작품들에서 브람스를 많이 언급하곤 하는데, 무슨 이유에서일까요?

낭만파 시대에 활동했던 브람스는 시대명과 꼭 맞는 아주 서정적이고 아름다운 멜로디의 낭만적인 음악들을 많이 작곡했습니다. 뿐만 아니라 브람스는 클래식 음악 역사상 가장 대표적인 삼각관계의 주인공이자 로맨티스트로도 알려져 있죠. 브람스의 스승은 앞서 여러 번 언급되었던 '슈만'이었습니다. 브람스의 재능을 일찍이 알아본 슈만 부부가 브람스를 제자로 받아들였죠. 브람스는 슈만의 문하로 들어가 오랜 시간 함께했는데,

브람스는 스승의 아내이자 피아니스트였던 클라라 슈만을 사랑하게 됩니다. 브람스와 클라라의 나이 차이는 무려 14살이었고요. (앞서 사강의 소설 속 두 남녀의 나이 차이와 같죠?)

클라라는 슈만의 아내이자 당대 최고의 여성 피아니스트였습니다. 요즘은 '여성', '여류' 아티스트라는 말을 쓰지 않지만 당대에는 거의 남성 위주로 활동했기 때문에 그녀의 특별함을 설명하려면 어쩔 수가 없습니다. 지금은 작곡가 슈만이 더 알려져 있지만 당시에는 클라라가 훨씬 더 유명했고 아주 유능한 연주가로 알려져 있었어요. 클라라는 능력도 있는 데다 아름답고 기품 있는 여인이었기에 인기도 엄청났습니다. 결혼하기까지 오랜 시간 우여곡절이 있었지만 남편 슈만은 클라라가 스무 살도 되기 전에 콕 '찜'을 해 버렸던 것이죠. (GATE B의 Talk-Talk 2에서 다뤘던 그들의 결혼 스토리를 다시 한번 확인!)

어느 날, 브람스가 슈만 부부 앞에서 첫 번째 피아노 소나타를 (C장조, Op. 1) 선보이게 되는데요, 슈만과 클라라는 브람스의 연주를 듣고 "이 재능 있는 청년을 밀어줘야겠다"라고 생각합니다. 브람스가 슈만의 제자가 되면서 셋은 가족처럼 가까워졌지만 브람스는 클라라에게 남모를 사랑을 키우기 시작했습니다. 하지만 브람스는 스승인 슈만을 배신할 수 없었고 가족 같은 소중한 관계를 지키고 싶은 마음이 컸기에 클라라에 대한 마음을 숨깁니다. 슈만은 나이가 들며 점점 정신이상 증세로 자살 시도까지 하는데, 정신병이 악화되며 정신병원에 입원하기까지 합니다. 결국 슈만은 46세의 나이로 일찍 생을 마감하게 되죠. 그럼 슈만이 죽고 나서 브람스가 클라라에게 고백을 했을까요?

그렇게 하지 않았다고 합니다. 충분히 그럴 수도 있었을 텐데 말이죠. 슈만이 정신병 증세로 자살하려고 투신했을 때 슈만 부부를 적극적으로 도운 것은 바로 브람스였어요. 특히 클라라는 이때 막내 펠릭스를 임신 중이었기에 정신적으로나 육체적으로나 굉장히 힘든 상황이었는데 브람스가 절박한 상황에 처해 있는 클라라를 물심양면으로 도와준 덕분에 위기를 극복할 수 있었죠. 오히려 이후 두 사람은 진정한 친구가 되었습니다. 브람스는 계속 클라라와 슈만의 아이들을 도와주면서 그녀에 대한 감정을 키워 갔고 결혼도 하지 않았습니다.

클라라는 브람스와 친분은 소중히 여기면서도 확실하게 선을 그었기 때문에 두 사람의 관계는 친구 이상으로 발전하지는 못했습니다.

클라라는 슈만이 죽은 지 42년 후 76세의 생애로 마감하는데요. 이 시간을 보면 브람스와 함께한 시간도 참 길었음을 알 수 있죠. 그런데도 친구로서 끝까지 클라라를 지켜 줬던 브람스. 브람스의 감정은 당시에 작곡된 작품들에 여실히 드러납니다.

길고 긴 짝사랑을 했기에 브람스의 음악에 더욱 절절하고 애틋한 사랑이 묻어나오는 것인지 모르겠습니다. 클라라를 연모했던 브람스는 클라라가 죽은 다음 해 독신으로 생을 마감하게 됩니다.

브람스의 낭만 소나타

"클라리넷 소나타 두 곡은 그의 외로움에 관한 독백, 꿈결 같은 회상일 뿐이다."

– 리하르트 슈프레흐트

말년의 브람스는 작곡에 대한 열정도 식어 가고 몸도 마음도 지쳐 가고 있었습니다. 1890년 이후, 더 이상 작곡은 하지 않겠다 생각하고 있었죠. 그러던 1891년 어느 날 한 페스티벌에서 클라리넷 연주자 리하르트 뮐펠트의 연주를 듣게 됩니다. 아름다운 클라리넷 소리를 통해 브람스의 꺼져 가던 심지에 바람이 불게 되지요. 브람스는 마지막 힘을 두 곡의 클라리넷 소나타로 불사르게 됩니다. 리하르트 뮐펠트에게 헌정하며 두 곡의 클라리넷 소나타를 탄생시켰고 이 곡은 후에 비올라 연주용으로 편곡되어 비올리스트들에게 최고의 레퍼토리가 되었습니다.

필자 역시 이 곡을 연주하며 '이 작품은 필시 브람스의 인생이 담긴 소나타인 것 같다'고 느꼈습니다. 브람스 만년의 웅장하고 중후했던 다른 작품들과는 다르게 오히려 덤덤하고 간결하면서도 애절하고 서정적인 멜로디를 느낄 수 있는 작품입니다. 이제 나이가 들어 자신의 생을 돌아보며 그의 전부였던 음악과 마음을 축약해 너무 감정적이지 않고 담담하게 이야기하며 정리하는 느낌입니다. 리하르트 슈프레흐트의 말과 같이 '외로움에 관한 독백', '꿈결 같은 회상'과도 같은 곡입니다.

소나타 1번은 4악장으로, 2번은 3악장으로 구성되어 있는데 정말 어느 것 하나 버릴 수 없는 꽉 찬 음악입니다. 먼저 〈클라리넷 소나타 1번 F단조 Op. 120-1(Clarinet Sonata No. 1 in F minor Op. 120-1)〉은 옥타브 화음으로 무겁게 시작되는 피아노로부터 부드럽게 클라리넷이 이야기를 이어 갑니다. 클라리넷의 미끄러지는 아르페지오와 약간은 거친 피아노의 화음이 대조적이면서도 함께 이야기를 주고받는 듯한 느낌을 전해 줍니다.

추천 음악 영상 QR코드

〈클라리넷 소나타 2번 E♭장조 Op. 120-2(Clarinet Sonata No. 2 in F minor Op. 120-2)〉는 몽환적인 멜로디로 시작되어 '사랑스럽고 우아하게 연주하라'는 1악장의 머리말, '아마빌레

(amabile)'가 잘 어울리는 곡입니다. 2악장은 생각보다 웅장하고 박력 있으며 드라마틱하게 진행되다가 3악장에서는 체념한 것처럼 담담한 목소리로 시작되어 이런저런 이야기들을 내려놓듯 마무리됩니다.

추천 음악 영상 QR코드

클라라의 로망스

유로화로 통합되기 전 독일 지폐 100마르크에는 클라라 슈만의 얼굴이 있었습니다. 우리나라 5만 원권의 얼굴인 '신사임당'만큼 아름답고 훌륭한 인물이지요. 슈만이 현재 훌륭한 작곡가로 남을 수 있었던 것도 클라라의 내조와 함께 클라라가 슈만 사후에 작품들을 잘 정리하고 홍보했기 때문입니다. 클라라는 한두 명의 아이를 키우며 일하는 요즘 '워킹맘'을 넘어 8명 아이의 육아와 연주활동을 병행하며 집안 생계를 책임졌던 '수퍼우먼'이었습니다. 반대를 무릅쓴 결혼에, 육아, 일, 그리고 심신이 약화된 슈만의 병간호에, 일찍 남편을 여의기까지 굴곡이 많은 인생이었죠.

클라라는 피아노를 연주할 때 악보를 보지 않는 암보 연주를 도입한 연주자로서 천재적 면모를 보였습니다. 기록에 의하면 1,300회 이상의 연주회를 가졌고 수많은 작품을 작곡했습니다. 하지만 당시 사회 분위기로 인해 클라라는 재능에 비해 본인이 원하는 만큼 '제대로' 활동하지는 못했던 것 같습니다. 그녀의 일기에 "여자들은 작곡에 대한 열망을 품어서는 안 된다. 작곡가가 된 여자는 아무도 없건만 내가 예외가 되기를 바라야 하는 걸까?"라는 글이 있었거든요. 그럼에도 불구하고 12살 때 첫 곡을 완성했고 17세 때 작곡한 피아노 협주곡이 멘델스존의 지휘에 의해 초연되기도 했지요. 게다가 100곡이 넘는 작품들을 남겼습니다. 늘 남편 슈만의 곡을 먼저 연주하고 남편을 알리기에 힘썼고, 슈만이 병에 걸리고 죽고 난 후에는 육아와 가사를 전담해야 했기에 작곡활동도 연주활동도 자유롭게 할 수 없었음에도 정말 대단한 업적을 남긴 여성입니다.

클라라는 여러 개의 '로망스'를 작곡했는데 그중에서 1853년 (슈만이 죽기 3년 전)에 쓴 바이올린과 피아노2중주 곡인 〈로망스(Romances for violin and piano, Op. 22)〉를 소개합니다. 이 곡은 슈만 부부와 친했던 바이올리니스트 요제프 요아힘Joseph

Joachim, 1831~1907에게 헌정된 곡입니다. 클라라는 요제프 요아힘과 자주 연주했는데 독일의 조지 5세가 "극도로 황홀하다"라는 감상평을 남길 정도였지요.

'로망스'는 로맨스라는 단어처럼 감상적인 성격의 사랑 노래입니다. 일정한 형식은 없으며 음유시인들이 부르던 서정적인 이야기로 엮은 가곡에서 비롯된 애상적인 사랑의 곡이죠. 클라라의 〈로망스〉는 각 곡마다 섬세하고 아름다운 멜로디를 가졌지만 그녀의 젊은 날의 인생과 사랑 이야기를 담은 듯 절절하면서도 가슴 시린 아련함이 느껴지는 곡입니다.

추천 음악 영상 QR코드

로베르트의 로망스

로맨티스트 브람스, 지고지순한 내조의 여왕 클라라를 먼저 언급하다 보니 미안하게도 가장 연장자인 로베르트 슈만은 조금 뒷전이 된 것 같습니다. 우리는 '슈만'이라고 부르지만 사실상 슈만은 성(Family Name)이기 때문에 우리가 알고 있는 슈만은 '로베르트 슈만', 클라라는 '클라라 슈만'입니다. 편의상 로베르트 슈만을 슈만이라고 하겠습니다. 슈만도 처음에는 만만치

않은 사랑꾼이었죠. 슈만과 클라라의 러브스토리로 타임머신을
돌려 보겠습니다.

슈만과 클라라가 처음 만난 때는 슈만이 20살, 클라라가 11살
이었죠. 두 사람이 연인이 된 시점은 5년 후 슈만이 25살, 클라
라가 16살이 되던 해였습니다. 클라라의 아버지는 둘의 사이를
격하게 반대하셨죠. 그래서 그는 당시 유능한 피아니스트로 성
장하고 있던 클라라가 유럽 전역으로 공연 다니는 것을 오히려
좋아했지요. 둘은 떨어져 있지만 서로 음악과 편지로 소통했는
데, 그 시절 클라라와 슈만이 한창 애틋하게 연애를 할 시점에
작곡된 그들의 '로망스'가 있습니다.

슈만의 〈3개의 로망스(3 Romanzen, Op. 28)〉는 15분 내의 짧
은 3곡이 수록되어 있는 달달하고 아름다운 사랑 노래인데요.
클라라를 향한 마음이 가득 담겨 있는 곡입니다. 슈만이 클라라
를 사랑하는 마음은 그의 편지에도 또 〈로망스〉에도 아주 잘 표
현돼 있습니다. 두 사람이 아버지의 반대 속에서 불타오르는 사
랑을 할 때 쓰인 작품이라서 그런지 제1곡에서는 매우 격정적이
며 정열적이며 화려한 화음과 빠른 리듬 속에 간지러운 사랑의
속삭임이 느껴집니다. 제2곡은 느리면서도 점점 발전적인 전개
를 보여 주며 서정적인 선율이 따뜻하게 그려집니다. 제3곡은
아주 경쾌하고 리드미컬하며 클라라에 대한 사랑을 강렬하게

이야기하는 것 같습니다.

  이 곡의 주인공 클라라는 3개의 곡 중 특히 두 번째 곡이 제일 마음에 든다고 편지에 썼다고 합니다. 후에 클라라의 권유로 일부 수정한 후 출판하여 자신의 '최애곡' 중 하나로 손꼽게 됩니다. 곡을 받은 클라라 자신도 똑같이 〈3개의 로망스(3 Romances, Op. 11)〉를 작곡해 슈만에게 화답하기도 했습니다. 음악가 커플이라 음악으로 사랑을 나누는 것이 참 로맨틱하지요? 그 당시 슈만에게 답장했던 클라라의 로망스도 함께 들어 보시면 재미있을 것 같습니다.

결혼은 시작, 설레는 건 음악뿐

드라마에서는 남녀 주인공이 우여곡절을 이겨 내며 결혼이 마치 해피엔딩인 것처럼 아름다운 결혼식을 끝으로 마무리하곤 하지요. 결혼식에서만큼은 누구나 평생에 가장 아름답고 행복한 모습을 하며 웃음 짓고 있습니다. 그러나 현실에서의 결혼은 시작일 뿐이라는 것! 니편, 내편, 남편 지지고 볶고 살다가도 가끔 결혼식장에 울려 퍼지는 음악을 들으면 결혼식 때가 떠오르며 흐뭇한 웃음이 지어지지요. 일상의 힘든 시간들은 잠시 뒤로하고 가장 예쁘고 행복했던 그 시간으로 가 보겠습니다.

신부 입장! 결혼 행진곡

신부 입장에 자주 연주되는, '결혼 행진곡'으로 알려진 음악이 있습니다. 순백의 드레스를 입은 아름다운 신부가 아버지의 손을 잡고 한 발, 한 발 내딛을 때 연주되는 바로 그 곡! "딴 딴따 단, 딴 딴따 단~"

이 곡은 중세시대의 유명한 전설, 로엔그린의 전설을 바탕으로 작곡된 낭만주의 오페라에서 백조의 기사와 엘자의 결혼식에서 사용된 음악입니다. 빌헬름 리하르트 바그너^{Wilhelm Richard Wagner, 1813년 5월 22일~1883년 2월 13일}가 직접 대본을 쓰고 곡을 만든 오페라 〈로엔그린(Lohengrin)〉에 나오는 〈혼례의 합창(The bridal chorus)〉에 기초해 독립해서 연주되는 곡입니다. 바그너는 젊은 시절부터 중세 전설에 큰 관심을 가지고 있었는데 로엔그린 전설에 관심을 가지다 '요제프 괴레'의 〈로엔그린〉을 읽고 오페라의 대본을 쓰게 됩니다. 집필 과정에서 바그너는 원래 별개의 이야기였던 기사 텔라문트와 부인 오르트루트의 전설을 여기에 결합시킵니다. 작품에 등장하는 독일 국왕 하인리히 1세(876~936)는 실존인물이지만 이 오페라의 이야기 안에서 행적은 픽션입니다.

이 오페라의 내용은 간단하게 이렇습니다. 브라반트의 왕녀 '엘자'는 남동생 '고트프리트'를 죽였다는 누명을 쓰고 '텔라문트' 백작에게 고소를 당합니다. 엘자는 무고하다고 주장했지만 하인리히 왕은 신만이 이 사건을 재판할 수 있다고 신의 재판에 넘기지요. 신의 재판에서는 엘자의 무죄를 증명해 줄 수 있는 기사가 텔라문트와 싸워서 이길 경우 그 무죄를 인정받을 수 있다는 것이었습니다. 그때 성배의 기사 '로엔그린'이 나타나 텔라문트를 무찌릅니다. 결국 결백을 증명한 엘자, 그리고 기사 로엔그린은 결혼까지 약속하게 됩니다.

여기서 끝이면 해피엔딩일 텐데 이것이 끝이 아닙니다. 두 사람의 결혼에는 조건이 있었죠. 로엔그린은 엘자에게 자신이 누구인지 자신의 신원만은 묻지 말라고 하였습니다. 그러나 결혼식 날, 엘자는 그 금단의 질문을 하고 맙니다. 로엔그린은 이튿날 아침, 왕과 사람들 앞에서 자신이 성배의 수호장 파르치팔의 아들 로엔그린이라고 고백합니다. 엘자가 자신을 믿지 못하고 금기의 질문을 하는 바람에 신과 통하는 힘을 잃어 자신은 이제 다시 돌아가야 한다고 한 것이죠. 엘자의 행복은 순식간에 허물어졌고 자신의 어리석음을 후회하며 결국 죽음을 선택합니다.

오페라의 비극적인 내용을 알게 되면 이 곡을 신성한 결혼식에 사용해도 되는 것인가 싶지만, 〈결혼 행진곡〉 음악 자체는 그렇지만은 않습니다. 원곡 제목인 〈혼례의 합창〉은 로엔그린과 엘자의 결혼식을 알렸던 그 장면에 나오는 곡입니다. 웅장한 축하곡에 이어 하인리히 왕이 두 사람의 신혼을 축복하는 장면이지요. 이 곡은 앞서 웅장한 축혼곡과 이어져 있지만 현재 우리 시대의 신부 입장에 연주되는 〈결혼 행진곡〉 부분은 뒷부분만 사용되고 있습니다. 비극적인 오페라의 내용은 잊힐 정도로 독립적으로 유명한 곡이 되어 버렸지요.

조금 더 알고 가기 Note

바그너

바그너는 독일 출신으로 작곡가, 극작가, 극 연출가, 지휘자, 음악 비평가 및 저술가라는 많은 타이틀을 가진 예술가로 음악과 글, 연출에 많은 재능을 가진 다재다능한 예술가였습니다. 독일 오페라의 대표적인 작곡가 중의 한 명이고 독일 낭만주의 오페라의 전성기를 연 음악가입 니다. 바그너의 예술성은 음악뿐 아니라 다양한 예술 분야에 큰 영향을 끼쳐 19세기 유럽 문화에 역사적인 인물로 남아 있습니다. 음악극이라는 장르도 창시했으며 반음계적인 음악을 시작해 후대 작곡가들의 무조성 음악에도 큰 영향을 끼쳤습니다.

바그너가 오페라 〈로엔그린〉을 작곡할 당시에는 드레스덴에서 전제정치에 대한 혁명이 일어났었는데, 이때 정치범으로 몰려 바이마르와 스위스의 취리히로 떠나 활동하게 되었습니다. 오페라 〈로엔그린〉은 바이마르에서 프란츠 리스트의 지휘로 1950년 8월 28일 초연했지만 독일로 돌아오지 못한 바그너는 초연에 참석하지는 못했습니다.

바그너의 대표 음악극으로는 〈요정〉, 〈연애 금지〉, 〈리엔치〉, 〈방황하는 네덜란드인〉, 〈탄호이저〉, 〈트리스탄과 이졸데〉, 〈뉘른베르크의 마이스터징어〉, 〈라인의 황금〉, 〈니벨룽의 반지〉, 〈발퀴레〉, 〈지크프리트〉, 〈신들의 황혼〉, 〈파르지팔〉 등이 있습니다.

신랑, 신부 행진! Wedding March!

"이제 신랑, 신부는 인생의 새로운 출발을 위해 힘찬 행진을 하겠습니다. 신랑, 신부를 축복하기 위해 참석하신 하객 여러분들께서는 힘찬 박수로 축복해 주세요! 신랑, 신부 행진!"

사회자의 외침 끝에 크게 울려 퍼지는 〈축혼 행진곡〉에 신랑, 신부는 부부로서 첫 행진을 합니다. 요즘은 신랑, 신부의 취향에 맞는 다른 음악들을 연주하기도 하지만, 오랜 기간 결혼식 마지막 행진곡으로 쓰이던 이 곡은 도대체 언제부터 세계 곳곳의 결혼식에 쓰이게 되었을까요?

바로 1858년, 영국 빅토리아 여왕의 장녀 빅토리아 공주가 프로이센 황태자와의 결혼식 곡으로 선택한 것이 시작이었습니다. 당시 왕족들의 의식과 예식을 모범으로 여기던 풍습에 따라 많은 귀족과 백성들이 따라 하게 되었고 그 후 결혼식의 대표곡으로 사용되었는데요. 이것이 점점 유행을 타고 전파되어 전 세계로 퍼지게 되었다고 합니다.

사실 이 작품 또한 결혼식을 위한 곡도, 연주회를 위한 작품도 아니었습니다. 앞서 소개했던 멘델스존의 〈한여름 밤의 꿈〉 연극을 위한 작품이었죠. 쉽게 말해서 지금의 OST로 보면 됩니다. 총 13곡 중 9번째의 〈축혼 행진곡〉입니다. 연극에서는 4막 후,

극의 스토리상 영주의 성 안에서 결혼할 때 연주되는 환희에 찬 축제와 같은 행진곡이자 아주 힘차고 행복한 곡입니다.

보통 결혼식에서는 피아노로 연주되지만 〈축혼 행진곡〉의 오케스트라 원곡을 들어 보면 시작부터 트럼펫 팡파르가 연주되며 환희와 기쁨을 표현해 줍니다. 제목에 '행진곡'이라는 이름이 붙어 있는 것처럼 신랑, 신부가 아주 씩씩하게 걸어나갈 수 있도록 웅장하고 힘찬 곡이지요. 마지막까지 행진을 마치고 새롭게 시작하는 아름다운 신랑, 신부를 위해 화려한 폭죽이 터지듯 마무리되는 곡입니다.

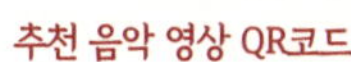

추천 음악 영상 QR코드

행진곡

문자 그대로 행진을 위해 작곡되는 음악입니다. 동서양을 불문하고 군대나 여러 명이 모인 집단을 획일적으로 걷게 하기 위해 작곡된 모든 곡들을 칭합니다. 우리는 행진곡 하면 흔히 운동회를 떠올리죠.
행진곡의 기원은 아주 오래되었답니다. 인간이 집단 생활을 하게 되면서 자연적으로 생겨났다고 볼 수 있습니다. 아주 옛날, 바빌로니아 유적의 벽화에서나 그리스나 다른 문명의 유적지에도 행진하는 장면에서 음악을 연주하는 악단이 같이 그려 넣어졌다고 해요. 연주된 음악이 어떤 건지 정확히 악보로 남아 있지는 않지만 유적들을 통해서 행진곡의 역사와 흔적은 알 수 있습니다. 중세 이후에는 각 국가 간 전쟁이 많았고, 전쟁을 자주 하게 되며 군대 행진 음악을 연주하기 위한 군악대들이 조직되었습니다. 군사들의 사기를 높이기 위해, 또는 전쟁터의 병사들을 적재적소로 움직이기 위해 행진곡을 연주했습니다.

현실감 넘치는 가족 이야기

우리는 집에서도, 학교에서도, 회사에서도 '한 가족'이라는 말을 참 많이 씁니다. '가족'은 꼭 피를 나눈 유전적인 의미의 관계라기보다 사랑으로 이루어져 맺어지기도 하고 아주 가까운 관계를 말하기도 하지요. 가족이라는 단어는 참 따뜻하고 든든한 것 같습니다. 가족을 모티브로 한 클래식 음악들도 그렇게 따뜻하고 행복한 기분이 들지 한번 알아봅시다.

가정 교향곡

화성에서 온 남자, 금성에서 온 여자, 귀엽지만 개구진 아이들. 현실적이면서도 단란한 가족이 있습니다. 부부의 사랑하는 모습, 아이들의 놀이와 목욕시간, 아버지의 근엄한 모습, 어머니의 자상한 모습 등을 음악으로 표현한 작품! 바로 리하르트 슈트라우스Richard Strauss, 1864년 6월 11일~1949년 9월 8일의 교향시 〈가정 교향곡〉을 소개합니다.

〈가정 교향곡〉은 현실적인 가정의 일상이 묘사되는 4개의 악장으로 구성되었습니다. 소소한 가족의 일상이 음악으로 담겼습니다. 스케르초(Scherzo, 2악장)에서는 아이들의 노는 모습을 순수하게 묘사하고 아이를 지켜보는 부모님 그리고 자장가가 나옵니다. 아다지오(Adagio, 3악장)에서는 정열적이고 애정이 가득한 부부의 사랑을 표현했어요. 4악장 피날레에서는 즐거운 아침의 다툼(?)으로 시작해 즐겁고 경쾌하게 마무리됩니다. 전 악장의 음악에서 유머러스하고 가족 간의 애정 넘치는 모습들이 느껴집니다. 음악적으로도 주제들이 긴밀하게 연결되고 묘사적인 측면을 강조하면서도 자유롭게 펼쳐져 교향곡보다는 일종의 교향시로 분류될 수 있습니다.

1악장은 가족 구성원들을 표현한 3개의 테마가 들어 있어요. 첫 번째는 '활동적인', 두 번째는 매우 '생기 있게', 세 번째는 '고요한' 분위기로 표현이 구성됩니다. 슈트라우스가 캐릭터와 성격을 부여한 아버지, 어머니, 아들의 주제 세 개가 등장하는 것이죠. 가장 먼저 등장하는 F장조 아버지의 주제는 첼로가 '느긋한' 모습을 연주하기 시작합니다. 이어서 다양한 악기들로 '꿈꾸는 듯한', '까다로운', '격노하는', '즐거워하는' 모습을 차례로 표현해요. 또 B장조로 바뀌며 어머니의 주제가 이어지는데요, 음악적으로 B장조는 F장조 주제와는 조성적으로 가장 먼 조성입니다. 성격적으로 완전히 다른 남편과 아내의 전형적인 성격을 그려 낸 것이랍니다. 《화성에서 온 남자, 금성에서 온 여자》라는 책처럼 남녀의 다른 모습을 재미있고 재치 있게 표현했지요.

가사가 없는데도 음악으로 이런 것들이 표현되는 것이 신기할 정도로 작곡가의 해학이 돋보이는 곡이에요. 아버지, 어머니에 이어 아들도 나옵니다. 아버지와는 현격한 대조를 이루는 어머니의 주제는 대단히 친근하고 사랑스러운 성격을 띠면서 그려지다 마지막으로 아들의 주제로 바로크 시대의 목관악기로서 슈트라우스가 다시 부활시킨 오보에 다모르(Oboe d'amore)를 통해 명랑하고 해맑은 아이의 이미지를 부각시키게 됩니다. 음악을 들어 보면 여러 가지 악기들의 솔로 연주를 통해 서로 대화하는 것처럼 느껴져요. 전체 오케스트라가 웅장한 합주로 이루어지는 음악의 느낌이 아닌 재잘재잘 무언가를 표현하는 것처럼 들리거든요. 가족들의 모습이 고스란히 그려지는 정말 재미있는 곡입니다.

슈트라우스는 이 교향곡을 '성공한 예술가의 자서전'이라고 표현하며 자신의 가정을 투영하기도 했습니다. 출판 당시 이 곡의 악보에는 '내가 사랑하는 아내와 내 아이에게 바친다'라고 적혀 있었다고 합니다. 또한 그는 유머러스하면서도 엄숙한 가족의 모습을 담은 곡이라고 이야기했습니다.

'슈트라우스'라고 하면 요한 슈트라우스 1세와 2세가 떠오르실 겁니다. 이들은 오스트리아 비엔나를 중심으로 활동했던 왈츠의 선구자요, 부자지간입니다. 〈봄의 소리 왈츠〉는 요한 슈트라우스 2세의 곡, 새해 초 신년음악회에서 빈필하모닉 오케스트라가 단골로 연주하는 〈라데츠키 행진곡〉은 아버지 요한 슈트라우스 1세의 곡이죠. 〈가정 교향곡〉의 작곡가는 또 다른 슈트라우스인 '리하르트' 슈트라우스입니다. 슈트라우스도 이씨, 정씨, 김씨처럼 성(family name)입니다.

이 세 명의 슈트라우스는 같은 시대 같은 도시에서 음악가로 활동을 했기에 더 헷갈리게 만들지요. 리하르트 슈트라우스는 왈츠의 대명사로 불리는 '슈트라우스가'와는 상관없는 인물입니다. 리하르트는 독일 뮌헨 출생으로 후에 빈국립오페라에서 지휘자로 수년간 지냈습니다. 구스타브 말러와 더불어 20세기 오페라 하우스를 개혁하는 데에 앞장섰던 작곡가입니다. 리하르트는 1911년에 휴고 폰 호프만슈탈의 대본으로 오페라 〈장미의 기사〉를 작곡해 큰 성공을 거둡니다. 초반에는 불협화음으로 혁신적인 오페라를 내놓았지만 잘되지 않아 이후, 낭만주의 경향이 강하게 느껴지는 화성으로 유쾌한 오페라 부파와 같은 작품을 발표하며 인기를 얻습니다. 슈트라우스는 독일 음악과 이탈리아 음악의 전통, 오페라와 연극의 전통을 하나로 융합하여 아방가르드 사조에 대항할 만한 새로운 오페라 어법을 창조해 낸 작곡가입니다.

오! 사랑하는 나의 아버지!

제목과 멜로디는 너무나 아버지를 위한 곡 같은데, 가사 내용에 좀 반전이 있어서 오히려 아버지들께 죄송한 곡입니다. 제목만 보면 우리 아버지를 위한 사랑과 감사와 은혜의 노래일 것 같지만 사실 내용이… 아버지께서 뒷목 잡으실 내용이거든요. 아름다운 멜로디와는 달리 아버지께 불효막심한 자식의 노래랍니다.

이 곡은 자코모 푸치니Giacomo Puccini, 1858년 12월 22일~1924년 11월 29일의 오페라 〈잔니 스키키〉에 나오는 아리아 〈오, 사랑하는 나의 아버지〉입니다. 오페라 등장인물이 부르는 독창곡 아리아는 보통 대사를 노래로 전달하기 때문에 극적인 부분에서 더욱 드라마틱하게 표현되는 음악입니다. 아름답고 풍부한 선율의 곡들이 많아 오페라가 아니더라도 아리아만 따로 연주회용으로 쓰이는 경우가 많지요.

아리아 〈오, 사랑하는 나의 아버지〉는 극 중 주인공의 딸이 사

랑하는 남자와 결혼시켜 달라고 아버지에게 조르면서 결혼 안
시켜 주면 강물에 뛰어들겠다고 아버지를 협박하는 내용입니
다. 협박하는 내용과는 달리 반전의 아름다운 멜로디와 감미로
움이 담긴 아리아입니다. 이 배은망덕한 딸의 노래는 소프라노
라면 누구나 한 번은 꼭 부르고 싶은 대표 아리아 레퍼토리죠.
이 노래의 불효막심(?)한 가사는 다음과 같습니다.

푸치니는 달콤하고 아름다운 멜로디와 낭만이 특색인 작곡가
로 알려져 있습니다. 푸치니의 오페라 〈잔니 스키키〉는 완전한
희극이었지요. 오페라의 내용은 단테가 쓴 〈신곡(神曲)〉 중 '지
옥편'의 일부를 다룬 것이었습니다. 이 이야기는 이탈리아 피렌

체의 아주아주 부자였던 '도나티'가 죽자, 그 유산을 차지하려는 가족들과 친척들이 열심히 유서를 찾아 혈안이 되는 데서부터 시작합니다. 어렵게 찾은 유언장의 내용에는 모든 재산을 수도원에 기부한다는 것이 아닙니까?

친척들은 이를 숨기고 공모하여 새로운 유언장을 쓰기 위해 해결사인 '잔니 스키키'를 데려옵니다. 잔니 스키키는 내키지 않았지만 지참금이 필요한 딸의 결혼을 앞둔 상황에서 "결혼을 허락해 주지 않으면 죽어 버리겠다"고 까지 하니 딸의 결혼 비용을 마련하기 위해 이 범죄에 함께 공조하게 되지요. 공모했던 모든 사람들은 누구든 이 비밀에 대해 입을 열면 오른손을 절단하기로 합니다.

잔니 스키키는 친척들의 요구에 따라 유언장을 수정하는 듯하더니 자질구레한 것들을 분배해 주고 정작 가장 중요한 재산은 본인에게 넣도록 합니다. 유언장을 발표하는 순간! 모두들 손이 잘린다는 약속 때문에 친척들은 말도 못 하고 어쩔 줄 몰라 하고, 잔니 스키키는 큰 유산을 꿀꺽해 버리고는 오히려 호통을 치며 모두를 쫓아내지요.

꽤 재미있는 이야기인 것 같죠? '자식 이길 수 없다'는 옛말은 우리나라만의 것이 아닌 것 같습니다. 제목은 아버지를 사랑스럽게 부르는 것 같지만 가사는 아버지께 죄송한 곡, 잔니 스키

키의 운명을 바꿔 버린 그 곡! 〈오, 사랑하는 나의 아버지〉 함께
들어 보시죠!

조금 더 알고 가기 Note

푸치니

푸치니는 잘 다듬은 포마드 헤어에 중절모를 눌러쓰고 멋진 옷을 입고 최고급 자동차를 몰고 다니던 바람둥이였다고 합니다. 베르디 이후 '이탈리아가 낳은 최고의 오페라 작곡가'라는 명성을 얻으며 오페라 〈라보엠〉, 〈토스카〉, 〈나비부인〉 등의 작품을 남겼습니다.

푸치니는 5대에 걸쳐 음악으로 가업을 이은 집안에서 태어났지만 어린 시절에 특별히 음악적 재능을 보이지는 않았습니다. 점점 커 가면서 자연스럽게 음악을 업으로 삼게 되었죠. 밀라노 음악원 재학 중 창작 오페라 공모에 〈빌리〉를 냈으나 실패했지요. 오히려 출판사를 통해 악보가 출판되며 그의 본격적인 오페라 활동이 시작되었습니다. 이어진 오페라 작품들이 계속해서 성공을 거둡니다. 교통사고를 당해 큰 위기도 겪었지만 결국 이탈리아 오페라의 계보를 잇는 작곡가로서 낭만주의 시대의 이탈리아 오페라를 완결하고 현대 이탈리아 오페라로 나아가는 길을 연 음악가로 평가받았습니다. 자칫 성악에 치중하기가 쉬웠던 이탈리아 오페라에서 음악적이며 한 차원 높은 관현악법을 구사하며 새로운 스타일을 뽐냈습니다.

GATE E

해소의 문:
스트레스 받을 때 들어야 할 클래식

클럽 음악보다 교향곡

스트레스 해소법은 사람마다 다르겠지만 음악을 크게 틀어 놓고 드라이브를 하거나, 시끄러운 클럽이나 나이트에서 마구 춤을 추는 분들도 많습니다.

미국 네바다대학 상담 서비스에 의하면 "경쾌한 음악은 삶에 대해 더 낙관적이고 긍정적인 느낌을 줄 수 있으며 빠른 음악을 들으면 주의력이 더 높아지고 집중력이 향상될 수 있다"고 합니다. 스탠포드대학의 한 연구는 "음악을 듣는 것은 약을 먹는 것같이 뇌 기능을 변화시킬 수도 있다"고 주장했습니다.

음악이 스트레스 해소에 꽤 도움이 된다는 것이죠. 음악의 효과와 중요성이야 워낙 많이 알려져 있으니 더 말해 무엇 하겠습니까! 그래도 개인의 취향이 있으니 빠르고 비트가 있는 사운드보다 차분한 음악이 더 좋은 분들도 있겠습니다. 하지만 이번만큼은 신나는 음악으로 스트레스를 해소할 수 있도록 클럽 음악처럼 힙(hip)하게 들을 수 있는 클래식 음악을 소개할까 합니다.

"지하에서 음산한 소리가 들리면서 어둠의 정령들이 나타나고 어둠의 왕 '체르노보그'가 등장한다. 마녀들이 체르노보그를 찬미하며 미사를 지내고, 광란에 가까운 안식일의 향연을 펼친다. 향연이 절정에 다다를 즈음 멀리 있는 마을의 교회에서 종소리가 울려 퍼지기 시작하고 어둠의 정령들은 혼비백산하여 도망친다. 그리고 어느새 날이 밝아온다."

스산하면서도 오싹한 도입부로 시작해 점차 빠른 템포와 거친 사운드로 드라마틱하게 전개되는 것이 한 편의 판타지 드라마를 보는 듯한 느낌을 주는 곡입니다. 〈민둥산에서의 밤(Night on Bald Mountain)〉이라는 작품인데요, 이 곡은 '교향시'라는 장르로 실제 위의 글과 같이 묘사되고 있는 음악입니다. 모데스트 페드로비치 무소르그스키Modest Petrovich Mussorgsky, 1839년 3월 21일~1881년 3월 28일는 러시아 남부에 있는 트라고라프산에서 매년 열리는 성 요한제의 전설에 영감을 받아 작곡했습니다. 전설에 의하면 6월 24일에 열리는 성 요한제의 전날 밤 귀신들과 악마, 마녀 등이 '민둥산'에 모여 술과 함께 파티를 연다고 합니다. 이 작품은 거기에서 벌어지는 괴상하고 괴기스러운 모습들을 그린 것입니다. 흥미진진하고 재미있는 표현들은 1940년에 제작한 디즈니 영화 〈판타지아〉에서 쓰이기도 했지요.

〈민둥산에서의 밤〉 작곡 배경에는 약간의 논란과 문제가 있었습니다. 러시아 음악사상 가장 '독창성'이 뛰어났다고 평가받는 작곡가인 무소르그스키도 여느 천재 음악가들처럼 42세에 요절하게 되는데요. 젊은 시절부터 겪은 생활고와 어머니의 사망에 대한 충격 이후 알코올에 의존하게 됩니다. 이후 친구들까지 먼저 떠나보낸 데다 간질이라는 병이 생기고 발작이 심해져 건강이 극도로 악화되었습니다. 결국 이른 나이에 세상을 떠났고 그의 많은 작품들이 미완성으로 남게 되었습니다. 무소르그스키는 러시아 5인조라 불리는 러시아 국민악파 대표 천재 작곡가 그룹에 속해 있었는데, 그를 인정해 주고 아꼈던 이 동료 작곡가들이 미완성이었던 그의 작품을 공연에 올리는 데 큰 역할을 했지요. 그중의 한 명이었던 림스키 코르사코프가 이 〈민둥산에서의 밤〉을 편곡해 세상에 알리게 됩니다. 이 작품이 무소르그스키가 살아 있을 때 출판되거나 연주되진 않았고, 현재 연주되는 버전은 림스키 코르사코프 편곡 버전이기 때문에 이것이 진짜 무소르그스키의 곡이 맞는가에 대한 논란이 있기도 합니다.

무소르그스키의 수식어로 붙는 그의
독창성은 공교롭게도 제대로 된 음악
교육을 못 받았기 때문이라는 평가도
있었습니다. 〈민둥산에서의 밤〉의 초
안도 한 번에 나오지 못했습니다. 처음
엔 고골리의 희곡 〈성 요한제의 전야〉

의 오페라를 구상하면서 1867년에 초안을 완성했지만 당시 작
곡가 발라키레프가 심하게 혹평하는 바람에 이 곡은 묻혀 버리
게 됩니다. 이후 러시아 5인조의 합창 오페라 작품 〈믈라다〉를
위해 이를 성악과 피아노를 위한 곡으로 재작업하려 했으나 잘
되지는 못했습니다. 그러던 중 오페라 〈소로친스크의 시장〉을
작곡하면서 〈민둥산에서의 밤〉을 다시 작업해 〈소로친스크의
시장〉의 3막 제1장과 제2장 사이 간주곡인 〈젊은이의 꿈〉이라
는 합창 관현악으로 개정했습니다. 그러다 보니 여러 개의 판본
들이 생겨났고, 현재 많이 연주되는 곡은 관현악 기법이 탁월했
던 림스키 코르사코프가 편곡한 교향시 버전입니다.

〈민둥산에서의 밤〉이 특별한 이유는 무소르그스키가 악마와
마녀들의 파티 장면을 더욱 혼란스럽고 기괴하게 묘사하기 위
해 여러 가지 악기들을 음향적으로 분리하여 느낌을 살려 냈기
때문입니다. 예를 들어, 현악기가 음산한 소리를 내고 목관 악

기들이 공포스러운 분위기를 맡습니다. 또 금관악기가 마녀와 어둠의 정령을 표현하여 긴장감을 더욱 극대화합니다. 물론 림스키 코르사코프의 편곡판도 무소르그스키의 관현악 기법을 잘 살려 내고 있지만 마녀와 악마들의 괴성과 기괴함 같은 것들은 무소르그스키의 원본 날 것 그대로의 버전에서 더 잘 살려 내고 있어 현대에 와서 원곡판이 더욱 재조명되기도 합니다.

추천 음악 영상 QR코드

핀란디아!

북유럽에 위치한 핀란드는 스웨덴의 지배를 받다가 1808년 스웨덴과 러시아 제국의 전쟁에서 러시아가 승리하며 핀란드 대공국으로 독립과 함께 러시아 제국에 편입, 지배를 받게 됩니다. 1898년 러시아의 니콜라이 보브리코프가 핀란드 총독이 되며 핀란드를 탄압하기 시작하는데 핀란드인들도 이에 맞서 저항하며 독립운동이 일어나기 시작합니다. '청년 핀란드당'은 '당 언론의 날' 축하 행사를 내세워 비밀리에 저항 행사를 준비하는데요. 이 행사를 위해 핀란드 국립극장 설립자이자 저술가였던 '카를로 베르그봄(Kaarlo Bergbom)'은 총 6막으로 구성된 역사

극으로 음악가, 시인, 극작가를 합류시켜 〈역사적 정경〉을 만들
게 됩니다.

여기에 참여한 음악가는 핀란드의 국민 영웅, 장 시벨리우스
Jean Sibelius, 1865년 12월 8일~1957년 9월 20일였습니다. 시벨리우스는
이 연극의 마지막 장인 〈핀란드는 각성한다(Suomi herää)〉의 반
주 음악을 따로 개정해 〈핀란디아(Filandia)〉라는 교향시로 발
표합니다. 당시 나라의 정황 때문에 초연은 1900년, 프랑스 파
리에서 이루어졌고 본토에선 이 작품의 공연이 오랫동안 금지
되었습니다. 핀란드에서 공연할 때는 러시아의 검열을 피하기
위해 작품명을 재미있게 바꿔 가며 올렸는데요, 그중 재미있는
제목 중 하나는 〈핀란드의 봄에 들어오는 즐거운 기분(Happy
Feelings at the awakening of Finnish Spring)〉입니다. 이 곡을
통해 핀란드인들은 국민적으로 단합했고 애국심을 더욱 키울
수 있었습니다.

이 작품은 3악장으로 구성된 교향시인데 악장이 구분된 것 같
지만 연주에서는 악장 사이를 끊지 않고 한 곡인 것처럼 연속적
으로 연주합니다. 내용은 러시아의 탄압으로부터 고통받는 핀
란드 민중을 표현한 서주를 시작으로, 희망찬 행진곡 풍의 선율
로 러시아에 대한 저항감을 나타내다 피날레로 가면서 러시아
의 압제를 당당하게 물리친 핀란드의 희망찬 앞날을 그리고 있

습니다. 세 번째 악장 부분은 핀란드 시인 베이코 안테로 코스켄니에미(Veikko Antero Koskenniemi)가 가사를 붙여 합창곡 〈핀란디아 찬가〉로 편곡하기도 했는데, 지금도 핀란드에서는 국가(國歌)보다 더 국가 같은 노래로 불리고 있습니다.

〈핀란디아〉는 비장하면서도 격정적이며 당장이라도 투쟁심을 불러일으킬 듯이 고무적이며 강한 에너지가 있는 음악입니

다. 피날레가 끝나면 자동적으로 일어나 박수를 마구 치게 되지
요. 배경을 모르고 들어도 힘찬 에너지에 가슴이 벅차 오르고
스트레스가 확 풀리는 느낌이 듭니다. 라이브 공연으로 들으신
다면 더 좋을 것이라 확신합니다.

추천 음악 영상 QR코드

오락실에서 흔들어!

　스트레스를 푸는 방법의 하나로 게임을 하는 분들도 있으시죠? 스마트폰이 생기면서 이제는 많은 분들이 스마트폰으로 게임을 즐기고 있지만, 예전 세대들은 PC를 이용해 게임을 했고, 그전 세대는 동전을 넣고 두 손을 신나게 움직였던 '오락실'이 있었습니다. 이런 오락실들이 사라지며 신개념 게임장이 점점 발전하던 2000년대, 그 당시 굉장히 혁신적인 게임이 등장합니다. 두 발을 이용하는 데다 춤까지 출 수 있는 게임이었습니다. 발판을 밟으며 춤을 추는 것처럼 몸을 움직여야 하는 디디알(DDR), 펌프(PUMP It Up)! 이런 게임들이 당시 엄청난 히트를 칩니다.

　음악의 리듬에 맞춰 화면에 올라오는 화살표 모양과 같은 발판을 정확한 타이밍에 밟아 줘야 하죠. 음악도 굉장히 신이 났는데, 이 게임들 덕분에 몇몇의 클래식 음악들이 주목받게 됩니다. 그 게임에서 클래식이 언제 나왔냐고요? 원곡을 그대로 사용한 것이 아니라 클래식 곡을 모티브로 해서 드럼, 기타, 베이스, 일렉트로닉 등의 밴드 음악과 크로스오버(crossover)하기도, 리믹스(Remix)를 하기도 했죠.

베토벤 바이러스

　클래식 크로스오버 리믹스로 가장 폭발적인 호응을 얻었던 게임 음악은 바로 〈베토벤 바이러스〉입니다. 원곡은 작곡가 베토벤의 작품 〈비창 소나타〉 중 3악장입니다. 〈비창 소나타〉는 베토벤 피아노 소나타 중 3대 피아노 소나타로 손꼽히며 원곡은 피아노로만 연주되는 곡입니다.

　베토벤은 표제음악의 선구적 인물이기도 합니다. 보통 작곡가들은 소나타나 교향곡에 번호를 붙이지 이름을 붙이지 않았거든요. 특히나 '비창'이라는 표제도 베토벤이 직접 붙였습니다. 원어로 '감동적인', '비장한'이란 뜻을 가지고 있어요. 젊은 시절의 비탄, 애수, 우울의 감정이 낭만적으로 표현된 것이라고 할 수 있습니다.

터키 행진곡

전형적인 록 스타일의 클래시컬 크로스오버 곡입니다. 모차르트의 피아노 소나타 11번 3악장인 〈터키 행진곡〉을 원곡으로 하지요. 사실 〈터키 행진곡〉은 별명이랍니다. 모차르트가 악보에 지시해 놓은 'Rondo Alla Turca(튀르키예풍으로)'에서 비롯되었거든요. 지금은 〈튀르키예 행진곡〉이라고 칭하는 게 맞을지도 모르겠습니다. 모차르트가 작곡하던 당시 튀르키예풍의 문화가 오스트리아를 포함한 유럽 각지에 퍼졌습니다. 모차르트도 이런 배경과 분위기에 영향을 받게 되었죠. 원곡인 피아노 음악으로 들어도 매우 경쾌하고 즐거운데요, 록 스타일과 크로스오버했으니 얼마나 더 신나겠습니까! 앞서 소개한 〈베토벤 바이러스〉와 함께 게임 음악으로 엄청난 인기를 끌었지요.

왈츠 오브 도지

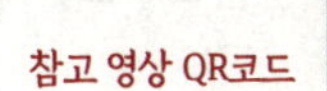

참고 영상 QR코드

게임에서 고난도의 음악으로 고수들만 가능했던 〈왈츠 오브 도지〉는 쇼팽의 〈강아지 왈츠〉가 원곡입니다. 당시 쇼팽의 연인이었던 조르주 상드가 데려온 강아지가 자기 꼬리를 잡으려고 귀엽게 또르르 도는 것을 보고 영감을 받은 곡이라고 합니다. 정말 강아지가 앙증맞게 뛰어 노니는 모습이 생각나는 귀여운 곡입니다. 이 곡은 '몰토 비바체(Molto Vivace)'라는 빠르기 표시가 있는데요. 아주 빠르게 연주하라는 뜻입니다. 쇼팽이 포토츠카 백작 부인에 헌정했던 곡이고 1847년 작곡된 세 왈츠(Op. 64) 중 하나로 정확한 명칭은 〈왈츠 제6번(내림라장조, 작품번호 64-1)〉이랍니다.

추천 음악 영상 QR코드 – 원곡 들어 보기

막장 드라마 관전 포인트

아무 생각 없이 재미있는 드라마나 영화에 빠져 있다 보면 고민하던 일과 스트레스는 잠시 잊게 됩니다. 특히나 얽히고설킨 막장 드라마나 초현실적인 SF 영화를 보다 보면 말도 안 되는 이야기에 현실은 저 멀리 사라지죠. 고전음악에서도 현실을 잊을 만큼 재미있는 이야기들이 있었습니다. 고전파 시대에 유행했던 '오페라'입니다.

　고전파 음악 시대는 바로크 시대에 이어 18세기 중엽부터 19세기 초에 걸쳐 오스트리아 빈을 중심으로 융성했습니다. 대표적인 음악가로는 하이든, 모차르트, 베토벤 등이 있습니다. 우리말로 서양 고전음악인 클래식 음악에 '고전'이라는 단어가 들어가 있을 만큼 클래식 음악의 중추가 되는 시대가 바로 '고전파 음악 시대'입니다. 교황의 힘에 반하여 귀족들이 들고 일어난 시대가 바로크 시대라면, 고전파 시대는 중산층이 재산과 지식을 쌓으며 힘이 커진 시대입니다. 시대를 반영하듯이 중산층들을 위해 쉽고 재미있는 음악이 성행합니다. 그것이 바로 '오페라(Opera)'랍니다. 오페라는 음악을 중심으로 한 종합무대예술로, 우리말로는 가극(歌劇)이라고 번역됩니다. 현대의 뮤지컬처럼 이야기가 담긴, 스토리가 뚜렷이 드러나는 음악 장르죠. 대사와 노래가 어우러져 스토리를 구성하게 되는 장르입니다.

　그런데 이상하지 않나요? 오페라가 중산층들에게 인기가 있었다니. 영화에서 봤을 땐 풍성한 드레스를 입고 가발을 쓴 귀족들이 즐기던 문화였던 것 같은데요. 요즘에도 비싼 입장권을 결제하고 오페라 하우스에 가서야 볼 수 있는 고급 장르라고 여겨지고요. 그런데 당시 시대상을 살펴보면 부르주아 계급의 성장과 자본주의 발전으로 부를 축적한 시민 계급들이 문화예술을 즐기기 시작합니다. 자본가들이 오페라 극장을 세우고 거기

에 자신들이 좋아할 만한 재미있는 오페라를 만들기 시작한 것
이지요.

국내 뮤지컬로 예를 들면 우리말이라 이해도 잘되고 노래도
친근하고 재미있잖아요. 스토리도 있고, 음악도 있고, 특히 화
려한 무대장치와 조명과 같은 볼거리도 있지요. 고전파 시대의
오페라도 재미있는 스토리에, 또 자기들 언어로 만들어지며 유
행하게 되었어요. 당시 유럽 클래식 음악의 중심지가 이탈리아
였기 때문에 오페라가 거의 이탈리아어로 되어 있었습니다. 그
런데 모차르트가 독일어로 된 오페라를 만들기 시작하면서 독
일의 중산층들이 더 이해하기 쉬워졌고 즐기기 좋았지요. 게다
가 내용을 들여다보면 막장(?)도 이런 막장이 없고, 동화같이 재
미있기도 하고 판타지적인 요소들도 많았습니다. 지금의 우리
도 "말도 안 된다"면서도 비현실적인 내용의 영화를 재미있게
보고, "어떻게 저럴 수가!" 욕을 하면서도 막장 드라마에 푹 빠
져 보게 되는 것처럼 말이에요. 당시에도 그렇게 즐길 수 있었
던 문화가 바로 오페라였습니다.

세빌리아의 이발사, 피가로의 결혼

오페라는 크게 두 가지 양식, '오페라 세리아(opera seria)'와

'오페라 부파(opera buffa)'로 나눌 수 있습니다. 오페라 세리아는 정가극(正歌劇)으로 그리스 신화나 고대의 영웅을 소재로 한 진지하면서도 비극적인 이탈리아의 오페라를 말합니다. 오페라 부파는 18세기에 발생한 희극 오페라로 가벼운 내용의 서민적이면서 일상생활의 유머를 다룬 오페라입니다. 고전파 시대에는 오페라 부파가 인기였습니다. 대표적인 오페라 부파는 〈세빌리아의 이발사〉와 〈피가로의 결혼〉입니다.

〈세빌리아의 이발사〉 줄거리는 이렇습니다. '바르톨로'라는 나이 든 후견인의 집에 갇혀 살고 있는 여인 '로지나'를 보고 첫눈에 반해 버린 '알마비바' 백작은 그녀와의 결혼을 꿈꿉니다. 평민인 로지나가 부담을 느낄까 봐 알마비바는 자신을 가난한 대학생이라 속이기도, 술에 취한 병사로 분하기도 합니다. 후견인의 까다로운 감시 때문에 알마비바 백작은 재치꾼 이발사 '피가로'에게 도움을 요청하지요. 피가로는 배자이 사례만 잘해 준다면 자신이 결혼까지 성사시켜 주겠다고 호언장담합니다. 피가로는 요리조리 익살스럽게 후견인과 그 일당을 속이고, 골탕 먹이고, 매수하기도 하며 알마비바 백작과 로지나를 결혼에 '골인'시킵니다.

추천 음악 영상 QR코드

오페라를 직접 보면 피가로가 머리를 굴려 가며 돈도 벌고 귀족들을 골탕 먹이는 장면들이 참 재미있게 표현되어 있습니다. 음악과 아리아도 덩달아 재미있고 아름답지요. 봉건사회에서는 그저 귀족의 하인에 불과했던 이발사가 귀족에게 부탁을 받고 당당히 자신의 보수를 요구하는 모습에서 새로운 시대상을 보여 주며 무너진 신분 질서를 보여 줍니다. 본래 프랑스 극작가 '피에르 보마르셰'의 희극을 기반으로 만든 오페라인데 여러 작곡가들이 동명의 오페라를 만들었지만 현재는 조아키노 안토니오 로시니Gioacchino Antonio Rossini, 1792년 2월 29일~1868년 11월 13일의 작품으로 많이 연주되고 있습니다. 당시 공연도 큰 인기를 얻어 20대의 로시니를 부자로 만들어 줄 정도였답니다.

로시니 이전에 〈세빌리아의 이발사〉를 작곡했던 조반니 파이지엘로Giovanni Paisiello, 1740~1816의 작품이 장기적으로 흥행하고 인기를 끌자, 모차르트는 〈세빌리아의 이발사〉의 속편인 〈피가로의 결혼〉을 만들게 됩니다. 전작에서 백작이 결혼하는 데 도움을 주었던 이발사 피가로가 그 공로로 알마비바 백작의 저택에 사는 하인으로 상승하며 등장합니다. 피가로는 백작 부인의 하녀 수잔나와 사랑하는 사이로 결혼을 앞두고 있었는데, 알마비바 백작은 피가로의 여인 수잔나를 탐내며 결혼을 탐탁지 않게 여기고 오히려 수잔나를 유혹하려고 하죠. 당시 봉건시대에는 서민이 결혼하기 전에 귀족, 영주 등의 권력자들이 신랑보다 먼저 신부와 동침할 수 있는 악습, '초야권'이 있었습니다. 백작은 이 관습을 다시 살리려고 합니다. 그래서 백작으로부터 약혼녀를 지키려는 피가로, 분개한 백작 부인과 수잔나는 한 팀이 되어 백작을 혼내 주기로 합니다. 수잔나는 백작에게 밤에 몰래 만나자고 편지를 보내고 그 장소에 수잔나로 변장한 백작 부인이 나타나며 유쾌하고 흥미롭게 백작을 골탕 먹이는 이야기를 담고 있습니다.

내용만 보아도 참 재미있죠? 이런 오페라였으니 당시에 귀족들은 난리가 났습니다. 귀족을 우스꽝스럽게 만들고 있었으니까요. 반면 평민들에게는 아주 인기 만점이었죠. "백작, 당신은 절대로 수잔나를 얻을 수 없어! 귀족의 신분, 부, 높은 지위, 품위… 그런 것들을 다 지녔다고 우쭐대지. 하지만 다양한 특권을 얻기 위해 당신이 스스로 한 일이 대체 뭐가 있지? 세상에 태어나는 수고 말고는 아무것도 한 일이 없잖아!"라는 대사는 귀족들이 경기를 일으킬 정도였습니다. 오스트리아에서는 상연이 금지되기도 했습니다. 〈피가로의 결혼〉은 '신분제도에 정면으로 도전한 오페라'라는 평가를 받으며 신분사회의 뿌리를 뒤흔들어 버렸지요. 당시 시민계급의 마음을 대변해 주는 통쾌한 복수극이었기에 인기가 많을 수밖에 없었습니다.

라 트라비아타, 동백 아가씨

세계에서 가장 많이 공연된 오페라이자 우리나라에서 가장 처음 공연된 오페라 작품은 〈라 트라비아타(La Traviata)〉입니다. 주세페 베르디Giuseppe Fortunino Francesco Verdi, 1813년 10월 10일 ~1901년 1월 27일의 18번째 오페라이자 중기 걸작입니다. 〈축배의 노래〉 아리아가 아주 잘 알려진 작품인데요. 삶과 사랑에 대한 깊은 통찰과 휴머니즘을 담고 있으며 아름답고 섬세한 선율로 지금도 인기가 높은 오페라입니다. 약간의 막장 분위기를 품고 있어서 더 재미있게 느껴지는 작품입니다.

〈라 트라비아타〉는 프랑스의 작가 알렉상드르 뒤마 피스의 소설 《춘희》가 원작입니다. '동백 아가씨, 동백꽃 여인, 혹은 동백꽃을 들고 있는 여인' 등의 제목으로도 불렸죠. 파리 사교계의 프리마돈나 마리 뒤프레시라는 실제 여성을 모델로 쓴 작품인데요, '라(la)'는 여성을 나타내는 이탈리아어 정관사로, 영어의 'The'에 해당해서 큰 뜻은 없고, '트라비아타(Traviata)'란 '길을 잘못 든 여자' 또는 '바른 길을 벗어난 여자'라는 뜻입니다. 당시에는 이런 여자가 주인공이라는 사실 자체가 논란이 되기도 했습니다. 오페라의 여주인공 '비올레타'의 극중 직업이 코르티잔(courtesan)인데요. 상류사회 남성의 사교계 모임에 동반하며 그의 공인된 정부(精婦) 역할을 하던 여성을 말합니다. 단순히 몸을 파는 창녀와는 달리 기생이나 게이샤처럼 시, 음악, 춤에 뛰어나야 했고, 시사 상식과 교양을 갖춰 상류사회 남성들의 대화 상대로도 손색이 없어야 하는 캐릭터였습니다.

당시 오페라로 잘나가던 베르디가 이러한 소재와 주제의 작품을 만들며 더 화제가 되었습니다. 게다가 가냘픈 여주인공이 폐병으로 죽어 가는 스토리에도 불구하고 당시 뚱뚱한 소프라노가 배역을 맡아 사람들은 이 공연이 실패할 것이라고 조소를 보냈죠. 하지만 베르디는 자신만만하게 "이 오페라는 머지않아 세계를 휩쓸게 될 거야" 하며 장담했다고 합니다. 그런데 정말 그 말대로 이루어졌죠.

오페라의 줄거리로 가 봅니다. 파리 화류계의 '비올레타'와 순진한 청년 '알프레도'가 사랑에 빠집니다. 두 사람은 한적한 교외에서 행복한 나날을 보내는데 알프레도의 아버지 '제르몽'이 찾아와 비올레타에게 이별을 강요하죠. 결국 비올레타는 알프레도 곁을 떠나고, 알프레도는 이별의 영문을 알지 못해 비올레타에게 강한 배신감을 느낍니다. 한참 후에서야 진실을 알게 된 알프레도가 비올레타를 찾아가 변함없는 사랑을 확인하지만 병에 걸린 비올레타는 그의 품에 안겨 죽음을 맞이하게 되는… 비극적인 사랑 이야기입니다.

앞서 소개했던 오페라 부파와는 조금 다른 분위기지요. 〈축배의 노래〉 아리아가 유명하지만 〈안녕, 지난날이여〉 아리아를 들어 보시길 권합니다. 파리의 어느 축제 날, 폐병으로 자리에 누운 비올레타는 제르몽에게서 진상을 알게 된 알프레도가 급히 오고 있다는 편지를 읽게 됩니다. 그러고는 "늦었다!", "모든 것은 끝났다!"라고 아주 비통하게 외치며 자기의 죽음이 임박했음을 깨닫고 절망적인 노래를 부르는 아리아입니다. 낮은 목소리로 가슴 벅차게 눈물 어린 편지를 읽는 장면은 프리마돈나의 역량을 과시하는 부분이지요. 희망도 없이 죽어야 하는 상황이 굉장히 극적이면서도 박력 있는 독창으로 표현되고 〈안녕, 지난날이여〉라는 제목과 같이 후반부는 전적으로 죽음에 대한 생각이며, 오페라 제목, '길을 잘못 든 여인'처럼 무덤 앞에는 아무도 찾아오지 않을 것이라는 쓸쓸함을 노래하는 곡입니다.

추천 음악 영상 QR코드

맛있으면 0칼로리, 살 빠지는 음악으로 다이어트!

많은 여성들이 다이어트에 늘 진심이죠. 듣기만 해도 살이 빠지는 클래식이 있다면 얼마나 좋을까요? 그런 음악이 따로 있는 것은 아니지만, 클래식 음악을 통한 두 가지의 효과적인 방법이 있습니다.

우리가 먹은 음식은 식도를 지나 위로 들어가고, 소장으로 이동하면서 영양소들을 보내고 혈중으로 배출되는데요, 이 과정에서 영양소들이 뇌 중추 신경계에 배부르다는 신호를 보내면 그때 포만감을 느끼게 됩니다. 이 과정이 최소 20분이 걸리는데, 음식을 빨리 먹으면 포만감을 느낄 새가 없으니 훨씬 더 많이 먹게 되는 거죠. 천천히 먹게 되면 아무래도 과식을 막고 음식 섭취량을 줄여 주니 결국 다이어트 효과를 볼 수 있습니다.

첫 번째 방법으로, 식사할 때 느린 음악을 들으면 천천히 먹게 된다는 사실! 느린 음악들은 우리의 행동도 천천히 하게 만들고 여유를 주죠.

두 번째 방법은 한 한의사가 제시한 방법인데, '낯선' 클래식

음악을 들으면 장 운동이 느려지고 식사량을 줄이는 데 도움이
된다고 합니다.

그렇다면 '느리고 낯선 클래식' 음악을 들으면 다이어트에 효
과적이겠죠? 이번엔 다이어트에 제격인 클래식 음악들을 한번
알아보겠습니다.

라르고(Largo)

라르고는 '아주 느리게'라는 뜻을 가진 음악 용어입니다. 헨델
의 곡 중에 〈라르고〉라는 제목으로 잘 알려진 음악이 있습니다.
오페라 세리아 〈세르세(Serse)〉의 오프닝 아리아 〈사랑스런 나
무 그늘이여(Ombra mai fu)〉입니다. 페르시아의 대왕 크세르
크세스(세르세)가 나무에 바치는 사랑의 노래로 무대의 막이 올
라가면서 시작되는 노래입니다.

플라타너스 그늘에서 쉬고 있던 왕이 "나의 사랑하는 플라타
너스의 아름답고 부드러운 무성한 잎이여, 그대를 위해 운명은
반짝인다. 천둥, 번개, 태풍이라 할지라도 그대의 아늑한 평화
를 범하지 말라, 사나운 갈바람(南風)도 다가와 그대를 욕하지
말라. 그립고 사랑스러운, 나무 그늘도, 지난날 이렇듯 아늑하
지는 않았다"라고 노래 부릅니다. 이 오페라는 사실상 상업적으

로는 실패했습니다. 런던에서 초연한 후 5번 정도밖에 연주되지 못했죠. 그러나 19세기에 들어서며 이 아리아가 재발견되어 잘 알려진 작품이 되었습니다.

'라르고'라는 이름과 같이 아주 느리면서 가사와 같이 아름다운 노래죠. 원래는 카스트라토가 부를 수 있도록 작곡되었으나 현대 공연에서는 카운트 테너나 메조 소프라노가 남장을 하고 부르기도 합니다. 다양한 연주곡으로도 편곡되어 솔로 오르간, 피아노 또는 현악 앙상블 등 다양한 버전의 곡들이 있습니다.

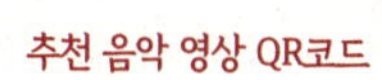 
추천 음악 영상 QR코드

바로크 오보에 소나타

낯선 음악, 낯선 악기입니다. '천상의 소리'를 내는 악기라고 알려진 '오보에(Oboe)' 음악입니다. 오케스트라 공연을 시작하기 전에 악기들 조율하는 모습, 혹시 보신 적 있으신가요? 악기의 음정을 맞추기 위해서는 기준이 되는 음정이 필요하죠. 오케스트라의 다른 악기들이 조율할 수 있게 기준음을 불어 주는 악기가 바로 오보에입니다.

오보에라는 이름은 17~18세기 프랑스 사람들이 '높다, 크다'라는 뜻의 '오'와 나무라는 뜻의 '부아'를 결합해서 만들었다고 하지요. 즉 높은 소리를 내는 목관 악기라는 이름입니다.(실제로 목관 악기 중에 가장 높은 음역대를 연주하는 악기는 플루트, 피콜로입니다.) 오보에는 오케스트라 전체를 뚫고 나가는 독특한 음색을 가졌을 뿐 아니라, 주위 환경이 변해도 음정의 변화가 크지 않은 안정적인 악기이기 때문에 중요한 역할을 하고 있습니다. 오보에는 다른 목관 악기들 사이에서는 물론 오케스트라 내에서도 금방 구별되는 독특한 음색을 지니고 있습니다. 두드러진 음색과 일정한 음높이로 인해 오보에는 오케스트라는 물론, 다양한 합주에서 음악을 이끌어 가는 중요한 선율 악기의 역할을 맡아 오고 있습니다.

이번에 소개할 곡은, 역사상 가장 많은 작품을 남긴 작곡가로 알려진 게오르크 필리프 텔레만Georg Philipp Telemann, 1681년 3월 14일~1767년 6월 25일의 〈오보에 소나타(TWV 41:g6)〉 중 1악장(Largo)입니다. 텔레만은 앞서 소개한 헨델과 절친이고 바흐, 비발디와도 같은 시대에 살았던 작곡가입니다. 텔레만은 작품 수로 '기네스북'에 등재되기도 했습니다. 지금은 많이 소실되었지만 기록과 연구에 의하면 텔레만은 실제로 3,000개가 넘는 작품을 썼고, 잃어버린 악보들을 후대 음악학자들이 계속해서 찾아내고 있습니다. 텔레만의 작품에는 특별히 TWV 번호가 붙습니다. TWV란 'Telemann Werke Verzeichnis(텔레만 작품 목록)'를 뜻합니다.

텔레만의 〈오보에 소나타〉는 지금의 오보에 모습과는 조금 다른 '바로크 오보에'로 연주되곤 하는데요. 현재는 고악기에 관심 있는 전문가들이 복제해 제작하지만 바로크 오보에는 잘 만들어지지 않아 희귀한 악기가 되었습니다. 바로크 오보에는 검정색으로 보이는 요즘의 오보에와 다르게 나무색이고, 어느 손으로든 사용하기 쉽게 하려고 2개의 사이드 키를 2배로 크게 만들었습니다. 따라서 높은 음을 만들어 내기 위해서는 연주자가 바람을 더 많이 불어야 해서 연주가 더 힘들지요. 소리는 지금과 비슷하지만 조금 더 낮은 음역대라서 넓고 따뜻한 느낌이 듭니다. 천상의 소리, 오보에로 텔레만의 느린 바로크 소나타를 들어 보시죠.

추천 음악 영상 QR코드

거북이

느림보 하면 '거북이', 느린 생명체의 대명사입니다. 느릿느릿 천천히 기어가는 거북이만큼 느릴 수는 없겠지요. 앞서 〈백조〉

라는 음악으로 살펴보았던 생상스의 〈동물의 사육제〉 중 4번째 곡이 〈거북이〉입니다.

이 곡이 재미있는 이유는 '오펜바흐'의 오페라타 〈천국과 지옥〉 중 일명 〈캉캉〉이라는 별칭의 〈지옥의 갤럽〉을 아주아주 느리게 편곡한 곡이라는 점인데요. 빠른 곡을 느리게 연주하는 것으로 거북이의 느린 움직임을 묘사하고 있습니다. 먼저 캉캉(Cancan)이라는 춤을 떠올려 보세요. 여러 겹으로 층층이 쌓아 만들고 안쪽은 프릴을 잔뜩 넣어 풍성하게 보이는 긴 치마가 핵심이죠. 치마를 입은 여자들이 줄을 지어 서서 아주 빠른 템포에 맞추어 다리를 번쩍번쩍 들어 올리며 추는 춤입니다. 여러 겹의 긴 스커트를 흔들면 꽃처럼 보이기도 하고 그 사이에 다리를 치켜들어 점프를 합니다. 〈지옥의 갤럽〉은 이 캉캉춤을 대표하는 음악이거든요. 음악을 들으면 바로 이 춤이 생각날 만큼 아주 경쾌하고 신이 나죠. 그런데 이 곡을 거의 2~4배로 느리게 연주하니 어떤 느낌일까요? 카세트 테이프가 늘어난 것인가, 정말 거북이가 캉캉을 추는 것인가 착각할 정도로 엄청나게 느리게 들립니다. 아는 음악이기에 몸도 더 느릿느릿해지는 느낌이 드으는 고옥입니드아….

여행을 떠나요!

"푸른 언덕에! 가방을 메고! 황금빛 태양! 축제를 여는!"

여행은 답답한 일상에 신선한 환기를 주는 시간이 되고 인생의 전환점을 마련해 주기도 합니다. 방 안에서 푹 쉬는 '방 콕' 여행(?)도 물론 필요하죠. 새로운 곳에서 생각지 못한 경험과 추억, 그리고 인연을 만드는 것이 여행의 묘미가 아닐까 합니다.

클래식의 본고장

우리나라에서는 '비엔나 소시지', '비엔나 커피'로 대중에게 알려진 이름, 빈(Wien) 또는 비엔나(Vienna)가 수도인 오스트리아는 뭐니 뭐니 해도 '클래식의 본고장'입니다. 클래식 음악의 나라는 오스트리아, 음악의 도시는 비엔나라고 할 수 있죠. 비엔나에 도착하면 도시 전체가 늘 음악으로 가득 차 있다는 느낌을 받습니다. 슈트라우스, 모차르트의 음악이 늘 울려 퍼지고, 음악회나 무도회가 관광상품으로 많이 개발되어 있지요.

오스트리아 비엔나가 클래식 음악의 본고장인 이유는 고전음악을 대표하는 작곡가, 하이든, 모차르트, 베토벤과 낭만파 시대의 브람스, 슈트라우스 2세 등 수많은 음악가들이 전성기를 보낸 곳이기 때문입니다. 저도 빈에 처음 갔을 때, '이렇게 아름다운 도시라서 그렇게 아름다운 음악이 만들어질 수밖에 없었구나!'라는 생각이 들었습니다. 음악에서만 상상했던 도나우강은 정말 너무나 아름다웠고, 쉔부른 궁전, 벨베데레 궁전을 비롯해 아름다운 건물들, 곳곳에 스며들어 있는 예술의 혼들이 느껴졌지요. 아름다운 도시, 빈은 언제부터 음악가들에게 사랑받는 도시이자 음악의 도시로 명성을 날리게 된 걸까요?

당시 음악가들은 궁정 소속이거나 교회 소속, 부를 축적한 귀족들의 후원을 받으며 활동을 했습니다. 빈은 유럽에서 가장 긴 역사와 전통을 자랑하던 합스부르크 왕가가 탄생했던 도시지요. 신성로마제국의 황제 카를 6세가 죽고 그의 딸 마리아 테레지아가 합스부르크 왕가의 수장이 되었는데, 이분이 음악을 너무너무 좋아해서 후원을 아끼지 않았다고 합니다. 합스부르크 왕가가 유럽에서 강력한 세력을 키우면서 자신의 궁, 쉔부른 궁전으로 훌륭한 음악가들을 초대해 연주회를 자주 즐겼죠. 모차르트도 6살 때 초청을 받아 쉔부른 궁전에서 피아노와 바이올린을 연주했습니다.

시대별로 권력과 부를 가진 사람이 어디에 관심을 갖느냐에 따라 특별히 더 발전되는 분야가 있게 되기 마련이죠. 유럽의 큰 세력을 가진 합스부르크 왕가의 높은 안목이 낳은 결과로 오스트리아 빈은 클래식 음악의 본고장으로 발전하게 되었습니다. 하이든과 모차르트와 베토벤이 왕성하게 활동하던 18세기를 지나 한스 리히터, 구스타프 말러, 리하르트 슈트라우스 등 20세기에는 빈 필하모닉을 중심으로 새로운 음악가들의 아름다운 활동으로 그 영화를 이어 갔습니다.

오스트리아 비엔나에는 엄청난 문화유산과 함께 세계 3대 오케스트라인 빈 필하모닉 오케스트라가 있습니다. 또 황금홀이라고 불리는 무지크페라인이라는 홀이 있습니다. 매년 1월 1일 정오에 이 무지크페라인에서 빈 필하모닉 오케스트라의 신년음악회가 진행됩니다. 1941년부터 매년 열리고 있는 아주 역사적인 콘서트지요. 빈 출신의 요한 슈트라우스 1세와 요한 슈트라우스 2세, 요제프 슈트라우스, 에두아르트 슈트라우스 등 빈 출신 작곡가들이 작곡한 왈츠와 폴카, 행진곡, 서곡 등을 연주합니다. 요즘 말로, 콘서트 예매할 때 피 튀기는 티켓팅이라고 해서 '피켓팅'이라고 하는데, 바로 이 신년음악회가 전 세계의 클래식 음악회들 중 입장권을 가장 구하기 힘든, 정말 피케팅을 해야 하는 공연이랍니다.

신년음악회에서는 오스트리아 작곡가들의 곡들을 연주합니다. 특히나 단골 연주곡들인 요한 슈트라우스 1, 2세의 경쾌한 춤곡과 행진곡 등 주요 레퍼토리들은 빠지지 않고 새해를 밝고 희망적인 분위기로 시작하게 만들지요. 신년음악회에서 절대 빠지지 않는 요한 슈트라우스 1세의 〈라데츠키 행진곡〉을 소개합니다. 행진곡이니 경쾌하고 힘찬 느낌을 받을 수 있습니다. 제목은 오스트리아 영토였던 북부 이탈리아의 독립운동을 진압한 라데츠키 장군의 이름을 딴 것이랍니다.

추천 음악 영상 QR코드 

태양의 나라

'태양의 나라'라는 별명을 가진 정열의 나라, 스페인! 유럽의 남서쪽 끝 이베리아 반도에 위치한 나라입니다. 지중해성 기후로 사계절 내내 따뜻한 기후에 아름다운 해안이 펼쳐져 있고 역사적으로 로마, 이슬람, 가톨릭 세계문화유산이 가득한 곳이지요. 세계적으로 유명한 건축가 가우디의 건축물과 이색적인 카니발과 축제들, 그리고 산티아고 순례자의 길까지 이국적이고 다양한 여행을 즐길 수 있는 나라입니다.

스페인은 특징적인 고유의 문화들과 음악도 가지고 있는데, 그중에 '플라멩코'라는 무형 문화유산이 아주 유명하지요. 플라멩코는 스페인 남부 지역인 안달루시아 지방의 전통 예술로 아주 정열적이고 화려한 무대를 보여 주는 공연입니다. 플라멩코는 칸테(노래), 토케(기타 연주), 바일레(춤), 팔마스(박수)로 이루어져 있습니다. 현란한 기교를 보이는 기타와 무용수의 춤은 관객들을 사로잡지요. 우리나라의 판소리처럼 집시들의 한이 뜨거운 햇살 아래서 더 뜨겁게 전해집니다.

스페인 음악 하면 〈아랑후에스 협주곡(Concierto de Aranjuez)〉을 빼놓을 수 없는데요. 스페인 작곡가이자 기타리스트였던 '호아킨 로드리고Joaquín Rodrigo, 1901년 11월 22일~1999년 7월 6일'가 작곡한 곡으로 기타를 배우는 학생들의 로망과 같은 곡입니다. 로드리고는 스페인 발렌시아 지방에서 태어나 스페인 정서가 담긴 음악을 많이 만들었고 20세기 스페인 음악의 주요 인물이 되었습니다.

아랑후에스는 18세기 부르봉 왕가의 여름 궁전인데 자연이 아주 아름답고 멋진 정원이 있는 곳이었습니다. 1938년 로드리고가 아랑후에스 궁전에 방문했을 때 영감을 받아 작곡했다고 하지요. 전체적으로 스페인 무곡의 리듬과 독주 악기인 기타의 음색을 아름답게 살렸고 오케스트라와도 잘 어우러집니다. 총 3악장으로 구성되어 있으며 작곡가의 노트에 따르면 1악장 알레그로 콘 스피리토(Allegro con spirito)는 두 개의 주제에도 불구하고 하나의 강력하고 빛을 발하는 리듬에 영혼과 활기를 불어넣은 스페인풍의 음악이고, 2악장 아다지오(Adagio)는 오케스트라의 솔로 악기들(잉글리쉬 혼, 바순, 오보에, 혼 등의 관악기)과 기타의 대화를 표현한 것으로서 우리에게 가장 잘 알려진 선율이 나옵니다. 3악장 알레그로 젠틸레(Allegro gentile)는 '시골의 무곡'을 표현해 아름답고 우아한 형식과 흥겹고 즐거운 모습이 함께 담겨 있습니다.

로드리고의 부인 빅토리아가 출판한 로드리고 자서전에 따르면, 〈아랑후에즈 협주곡〉은 그들의 행복했던 신혼여행과 첫 번째 임신의 실패에 대한 슬픔, 유산으로 생명이 위독해진 아내에게 해 줄 수 있는 로드리고의 마음을 담아낸 작품이라고 합니다. 이 이야기를 알고 들으면 음악에서 그 애절함과 사랑이 더욱 느껴집니다. 그렇지만 스페인 사람들은 이 곡이 로드리고가 조국의 아름다운 자연에 대한 예찬과 라틴 감수성을 담은 기타 곡이라고 생각합니다. 스페인에서 탄생한 이 멋진 기타 작품 자체가 기타 강국으로서의 민족적 자긍심과 애국심을 갖게 해 주기 때문이죠.

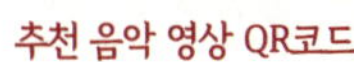

추천 음악 영상 QR코드

스페인을 느낄 수 있는 작품을 하나 더 소개한다면 바로 〈스페인 교향곡〉입니다. 스페인계 군인 가문에서 태어난 프랑스 작곡가 에두아르 랄로Édouard Victor Antoine Lalo, 1823년 1월 27일~1892년 4월 22일가 작곡했는데요. 이 곡은 스페인풍의 클래식 음악입

니다. '스페인'이라는 이름이 있지만 스페인 전통 음악의 형식은
아니고, '교향곡'이지만 실제 교향곡의 형식을 갖춘 작품도 아니
어서 참 독특한 작품입니다. 총 5악장으로 이루어져 있는데 이
작품은 마치 여러 춤곡들을 모아 놓은 모음곡 같기도 합니다.

　랄로는 바이올린과 비올라를 연주하기도 했습니다. 그래서인
지 현악기의 탁월하고 풍부한 표현을 잘 녹여 내고 있습니다.
교향곡이지만 바이올린 독주가 있는 협주곡 형식인데 여기에
독주 바이올린의 화려한 기교와 테크닉 또한 일품입니다. 또한
일반적인 관현악 편성을 벗어나 트라이앵글과 작은 북, 하프 등
의 악기도 들어오고 기존의 악기들로도 다양한 소리를 만들어
내 유쾌하고 재미있게 들을 수 있습니다.

추천 음악 영상 QR코드

우주 여행

　'수금-지-화-목-토-천-해-명', 태양계 행성들을 순서대로 기억
하시나요? 우주 행성들은 학창 시절에 배워서 알기도 하고 미디
어를 통해 보기는 하지만 현실적이진 않지요. 우주인이 되기는
하늘의 별따기라 여러 가지 과학 기술의 발달에도 불구하고 일

반인들은 간접적으로만 체험하고 있습니다. 아직은 갈 수 없는 신비로운 미지의 세계, 그래서 더욱 다양한 상상력을 발휘하게 합니다.

음악가들도 이러한 세계에 대한 호기심을 음악 작품으로 탄생시켰지요. 영국의 근대음악을 대표하는 스웨덴 출신 영국 작곡가, 구스타브 홀스트Gustav Theodore Holst, 1874년 9월 21일~1934년 5월 25일도 그랬습니다. 특히나 그의 음악 소재는 힌두교 신화부터 셰익스피어의 중세 전설까지 굉장히 다양했지요. 대표작으로 〈행성 모음곡(The Planets, Op. 32)〉 7개가 있습니다. 7개의 태양계 행성들에서 유래한 작품으로 〈화성〉, 〈금성〉, 〈수성〉, 〈목성〉, 〈토성〉, 〈천왕성〉, 〈해왕성〉이라는 제목입니다. 홀스트의 풍부한 상상력과 세심하고 우수한 관현악 기법으로 만들어진 대작인데요. 이 작품으로 홀스트는 국제적인 명성을 얻게 되었고, 영화음악이니 우주를 다룬 작품들의 기초가 되었습니다. 이 작품은 사실상 '천문학적'이라기보다는 별자리 운세를 보듯이 '점성학적' 관심에서 시작되었다고 합니다.

대표 행성 제목에는 부제가 함께 붙어 있습니다. 홀스트가 제1차 세계대전 직전에 쓰기 시작해서 종전 직전에 완성해 초연하게 되었죠. 그래서인지 제1곡 '화성'은 '전쟁을 가져오는 자'라는 부제와 함께 전쟁의 전령이라고 불리고 있습니다. 전쟁이라는 단어의 느낌대로 강렬함과 긴장감, 극적인 전개가 돋보여 인기가 많은 곡입니다. 또한 태양계의 일곱 행성과 로마 신화에서 나오는 신을 연결시켜 일곱 개의 주제와 악장으로 구성되어 있습니다.

제1곡: 화성, 전쟁을 가져오는 자

    (Mars, the Bringer of War)

제2곡: 금성, 평화를 가져오는 자

    (Venus, the Bringer of Peace)

제3곡: 수성, 날개 달린 파발꾼

    (Mercury, the Winged Messenger)

제4곡: 목성, 즐거움을 가져오는 자

    (Jupiter, the Bringer of Jollity)

제5곡: 토성, 황혼기를 가져오는 자

    (Saturn, the Bringer of Old Age)

제6곡: 천왕성, 마술사

    (Uranus, the Magician)

제7곡: 해왕성, 신비로운 자

    (Neptune, the Mystic)

각 곡들은 우주에 있는 행성들의 모습을 음악적으로 표현했습니다. 부제가 표현한 느낌으로 음악이 전개되는데 예를 들어 제2곡 '금성'은 관악기로 평화롭고 조용하게 시작되어 호른의 풍성한 연주에 현악으로 상승하다 다시금 조용해지는 음악적 구조를 보여 줍니다. 제4곡 '목성'은 아주 유쾌하고 재미있는 선율과 함께, 가장 큰 행성인 목성과 같이 밝고 웅장한 느낌이 드는 곡입니다. 그래서 뭔가 축제 같은 느낌을 주며 현악기들이 굉장히 바쁘고 호른이 무려 6대나 나와 더 풍부한 음색이 드러납니다. 아직은 현실적으로 갈 수 없는 우주여행이지만 음악을 통해 한번 탐험해 보면 어떨까요?

추천 음악 영상 QR코드

Epilogue – 작가 이야기

뮤지션, 기획자, 방송인, 경영인, 강사, 컨설턴트, 연구자. 가뜩이나 직업 부자인데 작가라는 타이틀까지 하나 더 얻으려는 그녀! 욕심쟁이 같지만 주어진 삶에 최선을 다하려는 한 사람이자, 여느 워킹맘처럼 아내와 엄마로도 고군분투하는 그녀는 수퍼우먼이다. 몸이 열 개가 아닌가 할 정도로 모든 일을 척척 잘해 내는 것 같지만, 함께 이야기를 나눠 보면 옆집 언니, 누나처럼 털털하고 편안한 데다 약간의 구멍(?)이 있는 허당미와 인간미가 넘치는 매력적인 사람이기도 하다.

작가는 이 많은 일들을 하고 있는 자신을 한 단어로 '뮤직 큐레이터'라고 표현하는 게 좋겠다고 한다. 가지고 있는 타이틀은 여러 개이지만 자신의 하는 일들은 모두 '음악'을 매개로 대중에게 큐레이팅해 주는 일이기 때문이라고.

다년간 TBN 한국교통방송에서 '정민경의 생각보다 재미있는 클래식', '비올라로라의 톡톡(Talk Talk) 클래식' 등의 코너를 통해 쉽고 재미있게 클래식을 설명해 주었으며, 현재는 '비올라로라의 월드뮤직 클래스'라는 코너로 세계의 다양한 음악을 소개하고 있다. 또한 오랜 시간 전국의 많은 공공도서관 및 공공기관에서 클래식 렉처 콘서트도 진행해 왔다. 그동안 그녀가 방송과 강의에서 소개했던 내용들이 모이고 엮여 이 책도 탄생하게 되었다.

바쁜 와중에도 계속해서 새로운 것에 도전하고 모험하는 그녀, 사람을 좋아하고 참 친절하며 다른 사람에게 감동을 주는 것을 좋아하는 오지랖 넓은 그녀, 진중한 것 같지만 유쾌하고 통통 튀는 그녀, 양파 같은 그녀를 더 알고 싶다면 비올라로라, 정민경의 SNS를 팔로우하고 친구가 되어 보시라!

인스타그램 @viola__lora

페이스북 /minkyung.l.chung

유튜브 @violalora / @classix_tv

블로그 blog.naver.com/classix_korea/

이메일 classix_korea@naver.com

클래식 톡톡

ⓒ 정민경, 2024

초판 1쇄 발행 2024년 5월 24일
2쇄 발행 2025년 5월 10일

지은이   정민경
펴낸이   이기봉
표지디자인   최윤창
편집   좋은땅 편집팀
펴낸곳   도서출판 좋은땅
주소   서울특별시 마포구 양화로12길 26 지월드빌딩 (서교동 395-7)
전화   02)374-8616~7
팩스   02)374-8614
이메일   gworldbook@naver.com
홈페이지   www.g-world.co.kr

ISBN   979-11-388-3152-9 (03670)